PRENTICE HALL WRITING AND GRAMMAR

Spanish Speakers' Handbook

Grade Seven

Boston, Massachusetts,
Upper Saddle River, New Jersey

ISBN 0-13-361545-6

1 2 3 4 5 6 7 8 9 10   10 09 08 07 06

Contenido

Parte 3: Destrezas académicas y para el trabajo

INTRODUCTION

The *Spanish-Speakers' Handbook* is a companion to the Prentice Hall *Writing and Grammar: Communication in Action* student edition and parallels each grade level textbook. It was designed with these objectives in mind:

- Assist the students' comprehension of the explanations, annotations, directions, and examples in the English language textbook
- Provide additional practice in writing and grammar

These goals are achieved through Spanish summaries and translations that give step-by-step support for every chapter in each of the three sections of the textbook: **Writing, Grammar,** and **Academic and Workplace Skills**.

The *Spanish-Speakers' Handbook* includes the following:

◆ Spanish Translations

- Key concepts for quick comprehension
- Grammar explanations
- English directions and examples

◆ Additional Explanations

- Contrasting Spanish and English spelling, punctuation, and capitalization rules to highlight the differences in usage
- Additional notes that clarify concepts and compare or contrast difficult grammar points for Spanish-speaking English learners

◆ Additional Practice and Applications

- A variety of exercises and activities, both in Spanish and in English, which provide additional practice

In short, the Handbook is intended to help Spanish-speaking students that are learning English to acquire essential writing, grammar and work-related skills.

Parte 1

Escritura

CAPÍTULO 1

El escritor en ti

¿Qué palabras te describen? Eres estudiante, amigo y lector. También puede que seas cantante, bailarín o patinador. Pero, lo sepas o no lo sepas, hay otra palabra que te describe: escritor.

◆ La escritura en la vida diaria

Es muy probable que tú escribas todos los días. Piensa en todo lo que escribes. En la escuela, tomas notas y contestas cuestionarios. Escribes ensayos, poemas y cuentos. En la casa, anotas mensajes telefónicos y haces listas de compras. Es probable que le envíes mensajes por correo electrónico a tus amigos. Tal vez llevas un diario en el que escribes con frecuencia. Ésas son algunas de las formas en que tú escribes.

◆ ¿Por qué escribes?

La razón para escribir es la misma que para hablar: lo hacemos para comunicarnos. A través de la escritura puedes comunicar lo que piensas, lo que sabes y lo que sientes.

◆ ¿Cuáles son los elementos de una buena escritura?

- **Las ideas** Una buena escritura comienza con ideas interesantes. Explora los temas que consideras interesantes y que piensas son de interés para otras personas. Preséntales a los lectores información que sea nueva y fresca para ellos.
- **Organización** La organización es la forma en que aparecen las ideas y los detalles en un escrito. Para que el lector pueda seguir tus ideas, selecciona una organización que tenga sentido para tu tema y continúa con esa organización durante toda la obra literaria.
- **Voz personal** Al igual que tú tienes una forma propia de expresarte cuando hablas, también puedes desarrollar una voz personal como escritor. Tu voz personal consiste en los temas que seleccionas, la actitud que expresas sobre esos temas, las palabras que usas y el ritmo de tus oraciones.
- **Selección de palabras** Las palabras son la base de un escrito. Al seleccionar palabras precisas y claras, le impartes fuerza a tu redacción y le permites al lector seguir tus ideas e imaginar las cosas que describes.
- **Oraciones fluidas** En un escrito no sólo es importante que las palabras se conecten apropiadamente, también es importante que las oraciones fluyan bien. Para crear un ritmo fluido en tu texto, usa oraciones de diferentes estructuras y número de palabras y usa transiciones para conectarlas.
- **Usos convencionales** Tu escrito debe ser gramaticalmente correcto. No dejes que errores de gramática, uso de palabras y ortografía interfieran con tu mensaje.

◆ Tu desarrollo como escritor

Escribir ya es parte de tu vida. Tu decisión de desarrollarte como escritor te hará un escritor mejor y mejorará tu capacidad de comunicar tus ideas.

Anota tus ideas

A continuación hay algunas estrategias para mantenerte al tanto de tus pensamientos, sensaciones e inspiraciones, de manera que puedas usarlas cuando escribas.

- **Cuaderno** Dondequiera que vayas, lleva contigo un pequeño cuaderno. Crea el hábito de anotar en tu cuaderno cosas interesantes. También puedes usar el cuaderno para dibujar una escena o pegar recortes de periódicos o revistas.
- **Registro de aprendizaje** Cada vez que aprendas algo nuevo, apunta la información y lo que piensas sobre el tema. También anota qué relación tiene con tu vida. Uno de esos temas podría ayudarte a comenzar un nuevo proyecto de escritura.

Carpeta para tus escritos y lecturas

- **Carpeta** Para escribir mejor es importante tener una carpeta con tus escritos. Tu carpeta puede incluir escritos terminados, notas y bosquejos. Revisar tus trabajos y estrategias te puede ayudar a tomar decisiones correctas.
- **Diario de lector** Puedes llevar un diario para anotar lo que lees. Apunta afirmaciones importantes, las reacciones de personajes y las reacciones a los mensajes de una obra escrita.
- **Carpeta de recortes** Prepara una carpeta con artículos de periódicos y revistas que se refieran a temas que te interesen. Escribe notas sobre tus reacciones y opiniones respecto al tema. Cuando busques un tema sobre el que escribir, revisa los artículos en tu carpeta de recortes en busca de ideas.

Prueba varios métodos

Cada escritor es diferente. Desarrolla tu propio estilo de escritura, un estilo que refleje tu gusto y tus preferencias. Éstas son algunas ideas:

- **Para empezar** ¿Cómo vas a empezar? Tal vez decidas sentarte solo en un lugar tranquilo y ponerte a pensar. O es posible que la música te ayude a crear ideas. Una alternativa es la llamada escritura libre. Simplemente escribe lo que te venga a la mente sin detenerte a pensar o a editar.
- **Búsqueda de ideas** Las ideas están por todos lados si sabes dónde buscarlas. Puedes encontrar una idea brillante en un programa de televisión o al leer una revista. Si llevas un diario o carpeta de trabajos es posible que encuentres en esas páginas inspiración para tu composición escrita.
- **Escribe un borrador** A algunos escritores les gusta usar sus notas y escribir un primer borrador completo, de principio a fin. Otros escritores prefieren desarrollar una idea y después otra idea. A veces empiezan por el medio o hasta por el final. Prueba las dos estrategias para decidir cuál es la que prefieres.
- **Mejora tu trabajo** Tal vez quieras terminar tu borrador y después hacer cambios o hacer los cambios a la vez que escribes el borrador. Pídele a un compañero que te ayude a identificar segmentos que no estén claros o ideas que necesiten más desarrollo.
- **Comparte tu trabajo** Es posible que consideres algunos tipos de escritos más personales y decidas que son sólo para ti. Por otro lado, vas a escribir otras cosas que querrás compartir con tu familia y amigos y hasta con un público más amplio. Hay muchas formas en que puedes compartir tu trabajo, como en publicaciones estudiantiles, páginas en el Internet y en grupos de lectura.

Planifica antes de escribir

Escribir debe ser parte de tu rutina diaria. Asigna un bloque de tiempo todos los días para escribir en tu cuaderno o diario. Selecciona un lugar donde puedas escribir cómodamente. Cuando te asignen un trabajo de redacción de larga duración, crea un plan y organízate de modo que el enfoque sea la escritura en vez de la fecha de entrega.

- **Elige el lugar apropiado** Elige un lugar donde no tengas interrupciones. Puedes escribir en la biblioteca o en el área de estudio. Tal vez prefieras escribir en tu cuarto con música de fondo.
- **Prepárate antes** Asegúrate de tener suficiente papel y varias plumas. Si usas una computadora, ten a mano un disquete para guardar tu trabajo.
- **Administra tu tiempo** La fecha de entrega no tiene que crearte ansiedad. Si tienes una meta a largo plazo, divide el tiempo en varias metas cortas. Usa un almanaque para planear el proceso de escritura. Establece las fechas para el comienzo de la investigación, la escritura del primer bosquejo, la revisión y la corrección del manuscrito. Deja un poco de tiempo extra para hacer ajustes en caso de que las tareas tomen más o menos tiempo del que anticipabas.

Trabaja con otros

No tienes que escribir solo. Incluir a otras personas en el proceso de escritura te puede ayudar a ser un mejor escritor.

- **Generar ideas en grupo** Algunas veces, la mejor manera de comenzar es cuando un grupo de personas expresa sus ideas libremente. El grupo puede comenzar generando ideas sobre un tema amplio. El escuchar las ideas de otras personas te puede ayudar a que se te ocurran ideas nuevas e interesantes.
- **Escritura en colaboración y cooperativa** Hay muchas formas en que los escritores pueden trabajar juntos en un proyecto. En un grupo de escritores que escribe un poema, cada uno puede esperar su turno para sugerir frases. Un grupo que escribe un informe podría trabajar de una manera diferente, en este caso cada miembro del grupo escribe una sección distinta del informe. Al trabajar juntos, las destrezas individuales de cada escritor benefician al grupo.
- **Compañeros que te evalúan** Otro escritor puede detectar errores que tú no notaste. Un compañero revisor te puede ayudar a ver los puntos fuertes y débiles en tu escrito.

Publica tu trabajo

Puedes encontrar muchas oportunidades de publicación. Busca páginas en el Internet que acepten escritos de estudiantes. También averigua sobre concursos literarios. Envíale una carta, un editorial o un artículo a tu periódico local.

Reflexiona sobre lo que escribiste

Para que continúes mejorando como escritor, es importante que reflexiones sobre tus escritos. Estas preguntas pueden ayudarte en tu reflexión:

- ¿De cuáles trabajos estás más orgulloso?
- ¿Qué trabajos te han satisfedio menos?
- ¿En qué aícas te gustaría majorar?

CAPÍTULO 2

El proceso de escritura

El conocimiento y uso de los pasos del proceso de escritura te ayudará a producir una obra literaria mejor.

◆ Los tipos de escritura

Una manera de estudiar los tipos de escritura es analizarlos en **modos** o géneros, que es la forma que toma la escritura. Otra manera de aprender sobre la escritura es considerar la fuente de inspiración y el público al que va dirigido. Por ejemplo, cuando escribes **reflexivamente**, tú escoges lo que vas a escribir, el formato que vas a usar y si vas a compartir tu texto. La escritura reflexiva, tal como en un diario, es de ti y para ti. Por el contrario, cuando escribes **extensivamente**, generalmente se trata de una asignación escolar que será leída ante un público general. La escritura extensiva comienza con otros y es para otros. Pueden ser poemas, ensayos o crónicas de cine.

◆ El proceso de escritura

Éstas son las etapas del proceso de escritura:

- **Antes de escribir** Explorar los temas, seleccionar un tema y comenzar a reunir y organizar los detalles antes de escribir.
- **Hacer un borrador** Escribir tus ideas en un papel más o menos en el formato que va a tener el trabajo terminado.
- **Revisar** Corregir los errores y mejorar la forma y el contenido de lo escrito.
- **Corregir** Perfeccionar la escritura y arreglar los errores de gramática, ortografía y puntuación.
- **Publicar y presentar** Compartir tu obra con otras personas.

Estos pasos parecen estar en secuencia, pero con frecuencia los escritores saltan entre etapas.

2.1 ¿Qué haces antes de escribir?

Los escritores se preocupan sobre qué van a escribir. La preparación antes de comenzar a escribir te ayudará a hacer la tarea menos agobiante. Tú puedes usar tu propia serie de estrategias y rutinas para prepararte para la tarea de escribir.

◆ Elige un tema

Antes de comenzar a escribir necesitas un tema. Por lo general, los mejores temas son aquellos que consideras interesantes. Para generar un tema puedes usar una amplia variedad de estrategias.

> ✍ **Actividad: Planos** Dibuja el plano de tu casa o de la escuela y anota acontecimientos memorables que relaciones con cada sección del plano. Revisa la lista y escoge un tema para tu composición.

◆ Limita tu tema

Un tema excesivamente amplio te va a forzar a escribir un bosquejo demasiado general o muy largo. Limita el tema a algo que sea más manejable, como el ejemplo siguiente:

TEMA AMPLIO	Las vacaciones
TEMA LIMITADO	Vacaciones con la familia
TEMA MAS LIMITADO	Vacaciones con la familia en la playa

> ✍ **Actividad: Haz una lista** En la primera línea de una página, escribe el tema amplio. Más abajo haz una lista en tres columnas: gente, lugares y cosas. Finalmente establece conexiones entre las distintas columnas y selecciona un tema basado en las conexiones que hiciste.

◆ Tu público y tu propósito

Cuando identifiques a tu **público**, que es la gente que va a leer tu trabajo, podrás planear cómo te vas a comunicar con ellos. Cuando identifiques tu **propósito**, que es la razón por la que escribes, entonces podrás planear lo que vas a comunicar.

- **Ten en cuenta tu público** Adapta tu borrador a las necesidades de tu público. Evita el uso de palabras demasiado refinadas, pero no subestimes al lector. Identifica el nivel de lenguaje y de conocimiento de tus lectores y ten esto en mente mientras escribes.
- **Ten en cuenta tu propósito** Concéntrate en la razón por la que estás escribiendo. Tal vez quieras entretenerlos, persuadirlos o reflexionar sobre tus experiencias. El propósito será una guía para la clase de información que vas a incluir.
- **Conecta el tema con el público y el propósito** La mayoría de los temas se pueden usar para una variedad de público y propósitos.

◆ Recopila detalles

Antes de comenzar a escribir, reúne los materiales que necesitas. Junta todas las ideas y hechos que tengan relevancia con el tema. Posiblemente tengas que hacer algún trabajo de investigación o hablar con otras personas. El trabajo que hagas en esta fase te facilitará después el proceso de escritura. Prueba estas estrategias:

> ✍ **Actividad: La fórmula de los reporteros** Usa las cinco preguntas que se hacen los reporteros. La fórmula de los reporteros usa estas preguntas: **quién, qué, dónde, cuándo** y **por qué** ha sucedido algo. En inglés se llama la estrategia de las cinco w (*who?, what?, where?, when?, why?*). Después que tengas las respuestas, reúne más detalles para ampliar tus ideas.

> ✍ **Actividad: Haz una línea cronológica** Es conveniente presentarle al lector los detalles de una forma que le sea fácil seguir tus ideas. Puedes crear una recta cronológica para identificar los detalles y el orden en que ocurrieron los hechos.

2.2 ¿Qué es un borrador?

◆ Da forma a tu escrito

- **Concéntrate en el tipo de escritura** Cuando estés escribiendo tu borrador, recuerda el tipo de escritura que seleccionaste. Cada forma de escritura tiene sus reglas específicas: la persuasiva tiene que convencer, la de misterio tiene que sorprender y la narrativa tiene que contar una historia. Ten esto en mente mientras haces tu borrador.
- **Atrae la atención del lector con una buena introducción** Pon una atención especial al primer párrafo de tu escrito. Comienza con una frase interesante que lleve a tu público a seguir leyendo. Considera la posibilidad de comenzar con una afirmación, un hecho sorprendente o una descripción deslumbrante.

◆ Elabora

Para darle más fuerza a tu narración, incluye detalles y explicaciones que le permitan al lector comprender tu tema. Añade información para ayudarlos a imaginar la acción que estás describiendo, a visualizar las conexiones que haces o a evaluar tu opinión. El método SEE es una estrategia que te puede ser útil.

✍ **Actividad: Usa el método SEE** Cuando usas el métod SEE (del inglés *Statement, Extension, Elaboration*) le das más profundidad a tu narración. Comienza con una oración que comunique una idea principal. Amplía esta primera oración, ya sea repitiéndola o explicándola. Puedes profundizar aún más dando mayores detalles sobre la idea principal.

2.3 ¿Qué es revisar?

◆ Revisa según un código de colores

Dedica toda tu atención al proceso de revisión. Enfoca tu revisión haciendo preguntas específicas sobre el borrador. La palabra **racionabilidad** significa "pensar con lógica". Aplícala a tu redacción.

Marca tu borrador usando un código a base de marcadores de colores para señalar problemas específicos, para después tomar decisiones sobre la revisión. Las siguientes son estrategias apropiadas para el código de colores:

- Encierra en un círculo las palabras poco precisas.
- Pon las transiciones en corchetes.
- Marca las oraciones temáticas con un color.

◆ Revisa la estructura general

Cuando revises la organización de tu composición, asegúrate de que las ideas fluyan con lógica desde el principio hasta el final. Puedes reordenar los párrafos para que el argumento parezca más lógico o añadir información para llenar los vacíos en la organización del texto.

✍ **Actividad: Destaca las oraciones temáticas** Para analizar la estructura de tu texto, usa un marcador para resaltar las oraciones que presenten la idea principal de cada párrafo. Evalúa el orden de las oraciones que resaltaste y reordena los párrafos según sea necesario.

◆ Revisa los párrafos

Examina cuidadosamente cada párrafo de tu narración. Tal vez tengas que cambiar algunos párrafos para que cada elemento contribuya con éxito al borrador.

◆ Revisa las oraciones

Cuando examines las oraciones de tu composición, analiza cómo comienza cada oración y haz cambios si observas que hay una tendencia a la repetición.

> 🖎 **Actividad: Código de colores para variar el principio de las oraciones** Para evaluar si hay variedad en el comienzo de las oraciones, encierra la primera palabra de cada oración en un círculo rojo. Revisa las palabras para asegurarte de que no hayas repetido la misma palabra.

◆ Revisa las palabras usadas

Examina las palabras que usaste para estar seguro de que has expresado tus ideas bien. Es posible que le puedas añadir detalles a tu bosquejo que resalten una idea o que encuentres que puedes reemplazar un verbo por otro más apropiado o preciso.

> 🖎 **Actividad: Encierra en un círculo los verbos *ser* y *estar*** Los verbos ser y estar (en inglés el verbo *be*) es uno de los primeros que generalmente se usan, pero no aportan la fuerza que dan los verbos de acción. Encierra los verbos ser y estar en un círculo y hazte el propósito de cambiar algunos de ellos por verbos de acción. Probablemente tengas que reescribir la oración cuando sustituyas el verbo.

◆ Revisión por compañeros

Durante la etapa de revisión, es conveniente solicitar la opinión de otra persona. La perspectiva de un compañero puede revelar problemas que tú has pasado por alto.

- **Dale una tarea específica** Pídele a tu compañero que evalúe una parte de tu bosquejo.
- **Toma la decisión final** Toma en consideración la opinión de tu compañero revisor, pero no te sientas obligado a cambiar todo lo que sugiera. Haz los cambios que tú creas más convenientes para tu texto.

2.4 ¿Qué es corregir?

Una vez que te sientas satisfecho con el contenido de tu bosquejo, edítalo y corrígelo para que esté listo para tus lectores. Tu meta debe ser que lo que has escrito esté libre de errores.

- **Revisa la ortografía** Para ver los errores de ortografía, préstale atención a cada palabra por separado. Evita que el contenido te distraiga. Podrías leer las palabras empezando por la última.
- **Revisa el uso de las mayúsculas y la puntuación** Asegúrate de que has usado letras mayúsculas para los nombres propios y para la primera palabra de una oración. Después, evalúa y corrige el uso de paréntesis, comillas, comas, punto y coma, dos puntos y otros signos de puntuación.
- **Confirma el uso de la gramática** Usa un texto de gramática para corregir las dificultades con las estructuras gramaticales y el lenguaje. Analiza la concordancia entre sujeto y verbo y verifica el uso correcto de los pronombres.
- **Revisa los hechos** Para asegurarte de que la información que presentas es correcta, haz una lista que diga: nombres, fechas, profesión, etc. Verifica cada una de estas categorías. Si es necesario, consulta una enciclopedia o ve a la biblioteca para verificar los detalles que has incluido.
- **Hazlo legible** Si tu trabajo está escrito a mano, asegúrate de que cada palabra sea legible.

2.5 ¿Qué es publicar y presentar?

◆ Más adelante

Esta descripción del proceso de escritura te da un panorama general de las estrategias y técnicas que puedes usar en el proceso de escritura. Los capítulos de la primera parte de este libro te enseñarán estrategias específicas que son apropiadas para las distintas formas de escritura.

Crea una carpeta Guarda todos los escritos que has terminado en una carpeta, caja u otro lugar donde estén seguros y en orden. Esto te servirá para evaluar tu desarrollo como escritor. La carpeta también te puede servir como fuente de ideas para otros trabajos. En una sección aparte, guarda obras sin terminar, notas sobre temas y fotos que te puedan inspirar nuevas ideas.

Reflexiona sobre lo que has escrito Cada vez que escribes puedes aprender de esa experiencia. Tómate tiempo para considerar lo que has obtenido al usar el proceso de escritura. Las preguntas al final de cada capítulo te ayudarán a reflexionar sobre esta experiencia.

CAPÍTULO 3

Párrafos y composiciones
La estructura y el estilo

◆ ¿Qué son los párrafos y las composiciones?

Un **párrafo** es una unidad de expresión que está formada por oraciones que tienen un tema común. Cuando escribas, usas los párrafos para separar la información en secciones lógicas.

Los grupos de párrafos relacionados forman una **composición**. Hay muchos tipos de composiciones, tales como diferentes formas de ensayos e informes. Aunque generalmente a los trabajos de ficción no se les llama composiciones, estas obras también dependen del uso lógico de los párrafos para presentar las ideas de una forma organizada.

3.1 Párrafos bien escritos

◆ La idea principal en una oración temática

La mayoría de los párrafos tienen una idea principal que con frecuencia se enuncia en una oración llamada **oración temática**. El resto de las oraciones del párrafo dan apoyo o explican la oración temática, generalmente por medio de hechos y detalles.

A veces, la idea principal del párrafo está implícita. Una **idea principal implícita** no se presenta directamente. La oración presenta los detalles y hechos que permiten que el lector infiera la idea principal.

◆ Escribe una oración temática

Al trazar el tema o planear un ensayo, tú identificas los puntos principales que quieres tratar. Cada uno de estos puntos se puede escribir como **oración temática**. Puedes organizar el párrafo en relación a la oración temática.

Una buena oración temática le dice al lector de qué trata el párrafo y cuáles son los puntos que el escritor quiere presentar sobre el tema.

◆ Escribe oraciones de apoyo

Tu oración temática, ya sea enunciada o implícita, es la que orienta el resto del párrafo. Las otras oraciones del párrafo deben apoyar, explicar o desarrollar la oración temática.

Puedes apoyar o desarrollar la idea principal con una de las siguientes estrategias:

- **Usa datos** Los datos son afirmaciones que se pueden verificar y que apoyan la idea principal al ofrecer prueba de lo dicho.
- **Usa datos estadísticos** Éstos son datos que generalmente se presentan por medio de números.
- **Usa ejemplos, ilustraciones o citas** Un ejemplo, ilustración o cita es una cosa, persona o acontecimiento específico que demuestra algo.
- **Usa detalles** Los detalles son los datos específicos que aclaran tus puntos o ideas principales al mostrar cómo todas las partes forman una unidad.

◆ Ubicaca tu oración temática

La oración temática se puede colocar tanto al principio como al final del párrafo. Colócala al principio de un párrafo para atraer la atención del lector. Colócala en el medio de un párrafo cuando quieras guiarlo hacia la idea principal. Sitúa la oración temática al final del párrafo para enfatizar la idea principal.

Modelos de párrafo En un párrafo, las oraciones se pueden colocar de acuerdo a diferentes modelos, dependiendo del lugar donde pusiste tu oración temática. Un modelo corriente es **TRI** (Tema, Repetición, Ilustración).

- **T**ema: La oración temática expresa la idea principal.
- **R**epetición: Interpreta tu idea principal; la expones en otras palabras.
- **I**lustración: Da apoyo a tu idea principal con datos y ejemplos.

3.2 Los párrafos en ensayos y otras composiciones

◆ Uniformidad y coherencia

Mantén la uniformidad

En un párrafo que tiene **uniformidad,** todas las oraciones están relacionadas con la idea principal y la desarrollan, apoyan o explican. Al revisar un párrafo, elimina cualquier oración o detalle que no desarrolle, apoye o explique la idea principal.

Logra coherencia

Un párrafo tiene coherencia cuando las ideas están presentadas en un orden lógico y las oraciones están conectadas de manera que le permiten al lector ver claramente la relación entre las ideas.

Tipos de organización

Puedes organizar tu escrito según los siguientes métodos:

- **Orden cronológico:** Los detalles se presentan en el orden en que suceden, lo que pasa primero, lo que sigue y lo que sucede por último. Este tipo de organización es útil para escribir sobre acontecimientos y explicar procesos.
- **Orden espacial:** Los detalles se presentan de acuerdo a la relación física que hay entre ellos. Esta organización se usa frecuentemente en la descripción de lugares y cosas y cuando se dan instrucciones.
- **Orden de importancia:** Los detalles se presentan de acuerdo a su importancia, ya sea mayor o menor. Esta organización es especialmente eficaz en la escritura persuasiva.
- **Orden de causa y efecto:** Se presentan los detalles para mostrar cómo un hecho o circunstancia lleva a otro o es el resultado de otro. Esta organización se usa para explicar un proceso o analizar un suceso.

◆ Las partes de una composición

"Componer" significa unir las partes para crear algo. Con frecuencia, componer se refiere a la creación de una obra musical o literaria. Para escribir una buena composición, tienes que entender sus partes.

Introducción

La **introducción** hace lo que su nombre indica: introduce o presenta el tema de tu composición. Una buena introducción comienza con una oración que despierta el interés del lector y sigue con el **enunciado de propósito**, que es el punto importante de tu composición. Generalmente le siguen unas cuantas oraciones que muestran cómo vas a desarrollar tu punto principal.

Cuerpo

El **cuerpo** de una composición consiste en varios párrafos que desarrollan, explican y apoyan la idea principal, expresada en el enunciado de propósito. El cuerpo de una composición debe ser **unificado** y **coherente.** El tema de cada párrafo debe estar relacionado directamente con el enunciado de propósito y tener una organización lógica.

Conclusión

La **conclusión** es el párrafo final del ensayo. En él se repite el enunciado de propósito y se resumen los detalles que lo apoyan. Con frecuencia la conclusión incluye las reflexiones u observaciones del escritor sobre el tema.

◆ Tipos de párrafos

Párrafos temáticos

Un párrafo temático es un grupo de oraciones que contiene una oración o idea principal y varias oraciones que apoyan o desarrollan la idea principal o la oración temática.

Párrafos funcionales

Los párrafos funcionales sirven un propósito específico. Estos párrafos se pueden usar para:

- **dar énfasis.**
- **indicar un diálogo.**
- **hacer una transición.**

Bloques de párrafos

A veces vas a tener tanta información para apoyar o desarrollar la idea principal que no te será posible presentarla en un solo párrafo. En estos casos puedes desarrollar la idea en un bloque de párrafos. Estos bloques son varios párrafos que funcionan como una unidad.

3.3 Estilo de escritura

El desarrollo de tu estilo

Tu estilo es la forma en que te expresas: la ropa que usas, la música que escuchas o la forma en que te peinas. El estilo también se refiere a la forma en que te expresas cuando escribes. Las siguientes categorías contribuyen a tu estilo de escritura.

- **La variedad en las oraciones** crea un ritmo y da énfasis a los puntos más importantes. Usa una variedad de tipos de oraciones, con una cantidad diferente de palabras y distintas estructuras.
- **La dicción** se refiere a las palabras que usas al escribir. Para un estilo animado, usa palabras con una connotación positiva. Si se trata de un problema, puedes usar palabras con una connotación negativa.
- **El tono** es tu actitud hacia el tema. Puede ser serio y formal o tener un tono casual o amistoso.

◆ Inglés formal y coloquial

Usa el inglés formal cuando escribas seriamente sobre un tema. Usa el inglés coloquial cuando tu escrito sea informal o quieras que parezca una conversación.

Las reglas convencionales del inglés formal

Usa el inglés formal para los informes, ensayos persuasivos, cartas de negocio y para la mayoría de tus tareas escolares. Observa las siguientes reglas:

• No uses contracciones.
• No uses palabras de jerga.
• Usa palabras y gramática aceptadas convencionalmente en inglés.

El inglés coloquial

Puedes usar el inglés coloquial en cartas a amigos, notas informales, escritura humorística, algunas narraciones o en un diálogo.

CAPÍTULO 4

Narración
Escritura autobiográfia

◆ La autobiografía en la vida diaria

Todos los días les cuentas a tus amigos y a tu familia hechos de tu vida. A veces escribes cartas o envías mensajes por correo electrónico. Escribir es una manera de compartir tu vida con otras personas, pero también es una buena forma de descubrir cosas sobre tu persona. Cuando escribes sobre cosas de tu vida, recuerdas detalles que de lo contrario hubieras olvidado. Los escritores usan la autobiografía para comprender su pasado y conocerse mejor a sí mismos.

◆ ¿Qué es la escritura autobiográfica?

La **escritura autobiográfica** cuenta la historia de un suceso o de una persona que es parte de la vida del escritor. Escribir una autobiografía es como mirarse en un espejo. Es una forma de preguntar y contestar la pregunta "¿quién soy?". La escritura autobiográfica incluye:

- una serie de acontecimientos en los que participa el escritor.
- un problema o conflicto, o un contraste entre el punto de vista actual y el que tenía en el pasado.
- detalles sobre gente y lugares.

◆ Tipos de escritura autobiográfica

Éstos son algunos tipos de escritura autobiográfica:

- **Incidentes autobiográficos,** también llamados **narrativas personales,** cuentan la historia de un acontecimiento específico en tu vida.
- **Narrativas autobiográficas** o **esquemas** describen una época o un grupo de sucesos en tu vida y ofrecen una idea sobre ellos.
- **Ensayos reflexivos** recuentan una experiencia y ofrecen tus ideas sobre su significado.
- **Las memorias** son la historia verdadera de tu relación con una persona, lugar o animal, e incluyen tus pensamientos y sentimientos sobre esa relación.

4.1 Conexión entre lectura y escritura

Lee el fragmento que aparece en tu libro de texto en inglés.

Estrategia de lectura: Haz predicciones
Cuando leas una autobiografía predice lo que sucederá más adelante. A medida que leas, busca pistas que te ayuden a confirmar tus predicciones.

Aplicación a la escritura: Ayuda a tus lectores a hacer predicciones
Incluye en tu narración pistas para ayudar a los lectores a hacer predicciones.

4.2 Antes de escribir

◆ Elige un tema

Para elegir un tema para tu autobiografía, piensa en los momentos cuando aprendiste algo, resolviste un problema o entendiste una cosa. Usa esta actividad para seleccionar un tema.

> ✍ **Actividad: Escritura libre** Escribe cualquier cosa que te venga a la mente cuando piensas en la palabra "explorar". Lee lo que escribiste y ponle un círculo a la idea más interesante. Usa los acontecimientos relacionados con esta idea como inspiración para tu tema.

◆ Escritura cooperativa

Autobiografía de un año escolar En grupo, escribe sobre los acontecimientos importantes o interesantes del año escolar pasado. Cada integrante del grupo puede escribir sobre un aspecto diferente de la vida escolar: las asambleas, los viajes , los deportes, proyectos de la clase, etc. Los que tengan inclinaciones artísticas pueden hacer dibujos para ilustrar el trabajo. Pon el escrito en una carpeta y compártelo con otros.

◆ Limita tu tema

Una vez que has escogido un tema descarta todos aquellos detalles que no sean importantes.

> ✍ **Actividad: Conexión entre ideas** Escribe libremente sobre tu tema por unos cinco minutos. Encierra en un círculo la frase o palabra más interesante o importante y escribe sobre esto por cinco minutos. Pon en un círculo tu nuevo tema. Si es lo suficientemente limitado, úsalo como tu tema. De lo contrario continúa enlazando hasta que encuentres un tema limitado.

◆ Tu público y tu propósito

Tu **público**, que son los lectores para quienes estás escribiendo, determinarán si debes usar un estilo coloquial o formal. Tu **propósito** para escribir también debe afectar tu narración. La escritura autobiográfica puede entretener, compartir un conocimiento o exaltar una persona que sea parte de tu vida. Decide cuál es tu propósito antes de comenzar a escribir.

◆ Recopila detalles

Busca detalles que enriquezcan tu narración. Hacer una lista te puede ayudar a reunir tales detalles.

> ✍ **Actividad: Haz una lista** Haz una lista de ideas que tengan conexión con tu tema. Lee la lista y traza un círculo alrededor de las ideas más interesantes. Busca conexiones entre las frases que encerraste en círculos y luego destaca con un marcador los detalles que añaden algo a la historia que quieres contar.

4.3 *Hacer un borrador*

◆ Da forma a tu escrito

Crea tensión mediante el conflicto

La mayoría de las narraciones crean tensión para mantener el interés del lector. La forma de tensión más importante es el conflicto: una lucha entre fuerzas opuestas. Por ejemplo, hay un conflicto si un obstáculo impide que un personaje logre lo que quiere.

Actividad: Puntos de vista opuestos No todas las autobiografías tienen un conflicto evidente. Por ejemplo, si tus recuerdos de los juegos de tu niñez no incluyen nada conflictivo, puedes mantener el interés de tus lectores si escribes sobre el día en que te diste cuenta que algún juego era muy infantil para ti. En este caso, la tensión está entre tu antigua y tu nueva manera de ver el mundo.

◆ Elabora

Según preparas el borrador, te darás cuenta de que no puedes contar todo sobre tu personaje principal. Pero, ten en cuenta de que un detalle bien seleccionado puede definir a una persona o describir un lugar.

Actividad: Detalles que dan personalidad a los personajes Los detalles que dan personalidad a los personajes pueden crear una imagen fuerte y clara en el lector. Selecciona un detalle característico para cada personaje importante de tu autobiografía. Hazte las siguiente preguntas:

- ¿Cuáles son los dos detalles que usaría para describirle esta persona a un amigo?
- ¿Qué aspecto tiene esta persona?
- ¿Qué es lo más característico de la forma en que actúa?
- ¿Qué tipo de personalidad tiene?
- ¿Cómo suena esta persona al hablar?
- ¿Qué expresiones o palabras usa con frecuencia?

4.4 *Revisar*

Acuérdate de revisar tus escritos siguiendo lo aprendido en el Capítulo 2.3:

- **Revisa la estructura general**
- **Revisa los párrafos**
- **Revisa las oraciones**
- **Revisa las palabras usadas**
- **Revisión por compañeros**

La gramática y tu escritura

Sustantivos

El sustantivo es una parte de la oración que nombra a personas, lugares y cosas.

4.5 Corregir

Antes de crear tu borrador final, corrige cuidadosamente los errores ortográficos, gramaticales y de puntuación. Revisa también el uso de mayúsculas.

◆ Concéntrate en las mayúsculas

Cuando revises tu trabajo, pregúntate:

- ¿He usado la inicial mayúscula para la primera palabra de cada oración?
- ¿He puesto con inical mayúscula los nombres de personas y de lugares?

Actividad: En rueda Forma un círculo con tres compañeros de clase. Cada uno pasa su composición a la persona a su derecha. Cada estudiante revisa el uso correcto de las mayúsculas y destaca con un marcador los posibles errores del borrador. Pasa los papeles de nuevo y verifica si hay fragmentos de oraciones. Cada escritor debe revisar su texto y corregir los errores.

La gramática y tu escritura

Las mayúsculas para los nombres propios
Escribe con letra inicial mayúscula las palabras que son el nombre (o parte del nombre) de una persona o cosa. No escribas con letra inicial mayúscula las palabras que no se usan para nombrar, a no ser que estén al principio de una oración.

4.6 Publicar y presentar

A continuación tienes algunas ideas para presentar tu autobiografía:

◆ Crea una carpeta

Actividad: Presenta una lectura dramatizada Lee en voz alta tu trabajo a la clase o a un grupo. Lee con entonación, adaptando tu tono a los hechos que estés narrando, ya sean felices, tristes o divertidos.

Actividad: Envíale tu narración a una revista Escribe tu texto en máquina o en la computadora y envíaselo a una revista que publique obras de estudiantes. Incluye una carta breve que diga quién eres y por qué crees que se debe publicar la historia.

◆ Reflexiona sobre lo que escribiste

Piensa en la experiencia de escribir y contesta las preguntas siguientes en tu cuaderno o en tu diario.

- Cuando pensabas en tu tema y cuando lo escribías, ¿qué perspectivas nuevas se te ocurrieron?
- ¿Cómo te ayudó la concentración en el conflicto a estructurar tu historia?

CAPÍTULO 5

Narración
Cuento

◆ Cuentos de la vida diaria

Inclusive si nunca has escrito un cuento, probablemente has contado muchas historias.
Posiblemente has inventado un cuento para dormir a un hermano pequeño. Contar
cuentos es algo natural para ti.

Miles de historias se publican todos los años en libros y revistas. En este capítulo vas a
aprender diferentes estrategias para escribir cuentos que capten la imaginación de tus
lectores y que hasta los lleve a lugares donde nunca han estado antes.

◆ ¿Qué es un cuento?

Un **cuento** es una narración corta y creativa, un recuento de sucesos presentados de
manera que atraigan la atención del lector. Un cuento te puede transportar a lugares
donde nunca has estado. Al permitirte entrar en la vida de sus personajes, el cuento te
recuerda que siempre puedes ser más de lo que eres en este momento. La mayoría de los
cuentos incluyen:

- uno o más personajes (personas, animales u otras criaturas envueltas en la historia).
- un conflicto o problema que hace que el lector se pregunte: ¿Qué es lo próximo que va a
  pasar?
- un comienzo que presenta a los personajes y el ambiente, y establece el conflicto.
- el medio en el que el cuento alcanza la cima, generalmente algún tipo de conflicto.
- un final en el que se resuelve el conflicto y se atan los cabos sueltos.

◆ Tipos de cuentos

Éstas son las diferentes clases de cuentos:

- Los **cuentos realistas** se desarrollan en ambientes familiares y con gente igual que la
  que conoces.
- Los **cuentos de fantasía y de ciencia ficción** te llevan a mundos que solamente existen
  en la imaginación, como una lejana galaxia o la Tierra del futuro.
- Los **cuentos de aventuras** te sumergen en una acción emocionante que llevan a cabo
  héroes extraordinarios.

5.1 *Conexión entre lectura y escritura*

Lee el fragmento que aparece en tu libro de texto en inglés.

Actividad de lectura: Interpreta Según lees, interpreta o reevalúa el significado de lo que has leído. Pregúntate: ¿Por qué ha pasado esto? ¿Por qué el autor añadió este detalle?

Aplicación a la escritura: Ayuda a tus lectores a interpretar Según escribes tu cuento, dale énfasis a los detalles que puedan ayudar a los lectores a interpretar la personalidad y las acciones de tus personajes.

5.2 *Antes de escribir*

◆ Elige tu tema

La mayoría de los escritores necesitan desarrollar actividades para elegir un tema, tales como la escritura libre, hojear una revista o la escritura cooperativa.

Actividad: Hojea una revista Agarra un montón de revistas y hojéalas en busca de fotografías, artículos o anuncios que te llamen la atención o te irriten. Marca las páginas donde encontraste algo. Más tarde, revisa esas páginas y toma nota de las ideas con más posibilidades para tu cuento.

Escritura cooperativa

Cuento en colaboración Después de participar en la escritura en grupo, cada estudiante termina el cuento que el grupo comenzó. El grupo discute las diferencias entre las historias y determina cuáles son los mejores elementos en cada cuento. Finalmente se añaden ilustraciones, se pone todo en una carpeta y se presenta la colección a la biblioteca de la escuela para exhibirla.

◆ Desarrolla elementos narrativos

Cuando lees un cuento bien escrito, se te olvida que estás pasando las páginas. El secreto está en el "motor del cuento", es decir, el conflicto. Cuando encuentras el conflicto de tu historia, puedes desarrollar el cuento.

Identifica el conflicto

Un **conflicto** es la lucha entre dos fuerzas opuestas. El conflicto de un personaje puede ser exterior, como cuando un policía tiene un conflicto con un delincuente, o interno, como cuando el delincuente lucha con su conciencia. Puedes identificar el conflicto preguntando: ¿Qué quiere el personaje principal? ¿Qué o quién impide que el personaje obtenga lo que quiere?

◆ Tu público y tu propósito

Tu **público**, que son tus lectores, deben percibir los detalles que incluyes en tu cuento. Si tus lectores son adolescentes, probablemente comprenderán una referencia sobre una banda musical en particular. Si estás escribiendo para un público más amplio, tendrás que dar más explicaciones sobre la banda y su música.

Tu **propósito** también afecta a los detalles que incluyes. Ten en cuenta si simplemente quieres entretener, o si también quieres comunicar una idea o interrogante sobre la vida.

◆ Recopila detalles

Tu próximo paso es comenzar a reunir detalles para incluirlos en tu cuento. La siguiente actividad te ayudará a comenzar:

✍ **Actividad: Haz una lista** Escribe frases de todo lo que se te ocurra sobre una idea general. Después, encierra en un círculo la frase más interesante de la lista y crea otra lista sobre este tema con todo lo que se te ocurra. Finalmente, busca la conexión entre todas las frases del círculo. Estas conexiones te ayudarán a decidir cuáles son los detalles que puedes incluir en tu cuento.

5.3 Hacer un borrador

◆ Da forma a tu escrito

Una vez que tengas el conflicto principal de tu cuento, ya estás listo para comenzar tu borrador.

Crea una trama

Comienza con trazar tu trama. La **trama** es la colocación de acciones en la historia, pero es más que una simple secuencia. En la mayoría de los cuentos la trama sigue este modelo:

- La **exposición** introduce a los personajes principales y las situaciones básicas, incluyendo el conflicto central.
- Este **conflicto** se desarrolla y se intensifica según progresa la acción, en sentido ascendente.
- El **clímax** es el punto culminante de suspenso.
- El **descenso de la acción** sigue al punto anterior y es donde la intensidad comienga a bajar.
- La **resolución** es el punto en que se resuelve el conflicto: el bueno gana, se llega a un acuerdo, etc.

Concéntrate en el conflicto y la resolución Mientras escribes, asegúrate de que los sucesos que incluyes ayudan a desarrollar el conflicto del cuento y crean un suspenso sobre cómo se va a resolver ese conflicto.

◆ Elabora

Usa detalles para definir al personaje y el ambiente

Según haces el borrador de tu cuento, trata de incluir detalles vívidos para que tus personajes y tu ambiente sean interesantes.

Decir y mostrar Puedes presentar un ambiente o los rasgos del carácter de un personaje y sus reacciones de manera directa **diciendo** cómo es un lugar o un personaje. "El océano es bello" o "Amanda tenía miedo". Con frecuencia, es mejor revelar los personajes y el ambiente indirectamente al **mostrar** cómo son. En vez de decirnos que tu personaje está feliz, puedes mostrar esa felicidad a través de su voz alegre. Cuando estás escribiendo, haz una pausa de vez en cuando y revisa lo que has escrito. Añade detalles que revelen el ambiente del lugar, el aspecto de los personajes, su manera de hablar y actuar, lo que piensan y sienten, y la forma en que otras personas reaccionan ante a ellos.

5.4 Revisar

Acuérdate de revisar tus escritos siguiendo lo aprendido en el Capítulo 2.3:

- **Revisa la estructura general**
- **Revisa los párrafos**
- **Revisa las oraciones**
- **Revisa las palabras usadas**
- **Revisión por compañeros**

La gramática y tu escritura

Identifica los verbos de acción

Un **verbo** es una palabra que expresa una acción o una condición. Todas las oraciones incluyen al menos un verbo que nos dice algo sobre el sujeto de la oración. Un **verbo de acción** dice lo que está haciendo el sujeto.

5.5 Corregir

En un cuento, al igual que en cualquier tipo de escritura, es importante eliminar los errores de ortografía, puntuación, gramática y construcción.

◆ Concéntrate en el diálogo

Cuando revises tu cuento, ponle atención a la forma de presentar el diálogo, que son las palabras que dice un personaje.

La gramática y tu escritura

El diálogo

Cuando escribes un diálogo, presentas palabras en la forma exacta en que las diría un personaje. En inglés el diálogo se escribe entre comillas. No uses comillas cuando cuentes lo que dijo un personaje sin usar las palabras exactas que éste dijo.

5.6 Publicar y presentar

◆ Crea una carpeta

A continuación algunas sugerencias para presentar tu cuento:

☞ **Actividad: Presenta tu cuento** Presenta tu cuento a una revista literaria escolar, a una publicación nacional, a un diario en Internet o a un concurso.

☞ **Actividad: Ofrece una lectura** Lee tu cuento en voz alta ante tu clase o ante un grupo de amigos. Prepara carteles que anuncien tu lectura y durante el acto, distribuye copias firmadas de tu cuento.

◆ Reflexiona sobre tu narración

Apunta lo que piensas sobre la experiencia de escribir un cuento. Comienza contestando a estas preguntas:

- Basándote en tu propia experiencia, ¿qué consejo le darías a otro estudiante que esté a punto de escribir un cuento?
- Después de escribir tu propio cuento, ¿ha cambiado la forma en que te sientes cuando lees cuentos escritos por otras personas?

CAPÍTULO 6

Descripción

◆ La descripción en la vida diaria

Cuando hablas con tu familia y tus amigos describes cosas con la mayor naturalidad. Según hablas, tus palabras, gestos y el tono de tu voz se mezclan para crear una impresión de lo que has visto, escuchado, oído, saboreado o tocado.

Sin embargo, cuando escribes una descripción, solamente cuentas con palabras para hacerlo. Al igual que un artista usa colores para crear una pintura, el escritor usa palabras para crear una descripción. Con una buena selección de palabras puedes ayudar a tus lectores a vivir con su imaginación una experiencia de tu vida.

◆ ¿Qué es la escritura descriptiva?

La **escritura descriptiva** crea una imagen de una persona, cosa, lugar o suceso. Al igual que una pintura, la escritura descriptiva abre una puerta a la imaginación del lector. La mayoría de las escrituras descriptivas incluyen:

* detalles sensoriales vívidos: detalles en que se usan uno o más de los cinco sentidos.
* una organización clara y coherente.
* enlaces entre los detalles sensoriales y las sensaciones o pensamientos que inspiran.
* un argumento principal al que cada detalle añade algo.

◆ Tipos de escritura descriptiva

Tu escritura descriptiva puede ser de varios tipos:

* **Las descripciones de personas o lugares** reseñan la apariencia física de una persona o lugar y le muestran al lector la razón por la que el sujeto es importante o especial.
* **Las memorias** captan una experiencia memorable en la vida del escritor; pueden describir un momento específico o un período de tiempo más largo.
* **Las observaciones** describen un hecho del que el escritor ha sido testigo.
* **Las viñetas** captan un momento en la vida del escritor y lo ilustran con palabras.

6.1 Conexión entre lectura y escritura

Lee el fragmento que aparece en tu libro de texto en inglés.

Actividad de lectura: Infiere A medida que leas, busca pistas que te permitan inferir los sentimientos de los personajes.

Aplicación a la lectura: Ayuda a tus lectores a inferir Al escribir el borrador de tu descripción, incluye detalles que ayuden a los lectores a deducir los sentimientos que conectas con la persona, lugar u objeto que estás describiendo.

6.2 *Antes de escribir*

◆ Elige tu tema

Vas a encontrar que es más fácil describir un suceso, persona o lugar si tiene un significado especial para ti. Para descubrir tu tema especial puedes usar estas actividades:

> ✍ **Actividad: Escritura libre** Durante cinco minutos escribe todo lo que se te ocurra. Puedes empezar con una idea general, como amigos, lugares o días de fiesta. Concéntrate principalmente en el flujo de las ideas en vez de en la ortografía o la puntuación. Después de los cinco minutos, revisa lo que escribiste y selecciona como tema un objeto, lugar, persona o suceso de los que anotaste.

◈ Escritura cooperativa

Folleto de viaje Produce, junto con varios compañeros, un folleto de viaje para tu comunidad. Ofrece ideas sobre los lugares de interés, tales como museos, bibliotecas, lugares históricos, tiendas, etc. Cada miembro del grupo debe escribir la descripción de un lugar diferente en la lista. Junta todas las descripciones en un folleto ilustrado con fotos y mapas.

◆ Limita tu tema

Una vez que has escogido un tema, tal vez te resulte demasiado amplio para describirlo bien. Un tema amplio se puede limitar al dividirlo en partes y concentrarte en una de las partes. De esta manera podrás escribir una descripción más efectiva. Usa la actividad de la tarjeta de archivar como "cámara" para concentrarte en una parte concreta de tu tema.

> ✍ **Actividad: Concentra el tema** Corta un pequeño orificio en una tarjeta de archivar para crear una "cámara". Mira a través del hueco el tema o foto del tema que quieres describir. Si es un suceso del pasado o una persona o lugar que no esté presente, haz un dibujo. Concéntrate primero en una parte del tema y después en otra. Después de observar varios aspectos del tema, selecciona el más interesante de ellos.

◆ Tu público y tu propósito

Tu **público**, las personas que van a leer tu descripción, debe influenciar en los detalles que vas a incluir. Antes de comenzar tu borrador piensa hasta que punto tus lectores conocen el tema. Ofrece detalles básicos si no están familiarizados con el tema. Si por el contrario tu público ya sabe sobre él, entonces concéntrate en los detalles que muestren una faceta singular o inesperada.

Tu **propósito** al escribir una descripción es permitir a los lectores vivir por medio de su imaginación, la experiencia que tú has tenido con tus sentidos. La mejor manera de lograr tu propósito es incluir detalles sensoriales vívidos, comparaciones y usar palabras expresivas.

◆ Recopila detalles

La escritura descriptiva crea una imagen vívida con el uso de detalles sensoriales. Una oración que describe la apariencia, el olor, la textura, el sonido o el sabor de algo, da detalles sensoriales.

Usa un cubo para reunir detalles

Sigue los siguientes pasos para dar detalles de tu tema:

1. **Describe** Explica cómo se ve, suena, se siente y huele, o el sabor que tiene.
2. **Asocia** Incluye los sentimientos o los cuentos que te hace recordar.
3. **Aplica** Demuestra cómo se puede usar o lo que hace.
4. **Analiza** Divídelo en partes o secciones.
5. **Compara y contrasta** Relaciónalo con otro asunto y compáralo.
6. **Discute a favor o en contra** Muestra sus puntos buenos y malos.

6.3 Hacer un borrador

◆ Da forma a tu escrito

Una vez que has compilado los detalles que vas a usar en tu descripción, puedes comenzar a escribir. Tu descripción ha de llevar a tus lectores en un viaje en que verá nuevos lugares o personas nuevas. Para asegurarte de que el lector no se pierda en ese viaje, debes organizar tus detalles claramente.

Organízate para que tus ideas sean claras

El orden en que presentas los detalles depende en gran medida del tema que estás describiendo. Usa uno de estos planes de acuerdo a tu tema:

En orden espacial

- Presenta los detalles de izquierda a derecha, del frente al fondo, o del final al principio.
- Úsalo para las descripciones de lugares u objetos.

En orden cronológico

- Presenta los sucesos en el orden en que ocurren.
- Úsalo para las memorias u otros tipos de cuento.

En orden de importancia

- Presenta los detalles menos importantes al principio y las observaciones más fuertes al final.
- Úsalo para llevar a los lectores hacia la principal impresión que quieres crear.

Crea una impresión principal

Escoge detalles para tu descripción que te ayuden a crear una impresión principal de tu sujeto. Si describes a un perro y quieres que tus lectores tengan la impresión de que está lleno de energía, describe, por ejemplo, cómo vuela su pelo mientras corretea por la casa.

◆ **Elabora**

Usa detalles

Cuando usas detalles sensoriales, creas una imagen clara de tu sujeto. Tu descripción
toma vida cuando elaboras los detalles al escribir tu borrador.

Una de las actividades que puedes usar para crear impresiones sensoriales y
convertirlas en una imagen vívida es **profundizar**.

Actividad: Profundiza Para profundizar, haz una pausa al final de un párrafo de tu
borrador. Encierra en un círculo el detalle en el párrafo que consideres más
convincente. Puede ser una palabra que sugiera un sentimiento fuerte o un detalle
sensorial vívido. Después, dibuja una flecha que vaya de la palabra en el círculo
hasta una línea en blanco. Escribe una nueva oración que cuente más sobre la
calidad, acción o cosa a que se refiere esa palabra. A continuación encierra en un
círculo la palabra más convincente de la siguiente oración. Dibuja una flecha en
dirección a la próxima línea y escribe una oración que dé más información sobre
esta segunda palabra en un círculo. Revisa tu párrafo y decide si debes incluir las
nuevas oraciones.

6.4 *Revisar*

Una vez hayas acabado de escribir tu primer borrador debes revisarlo. Trata de imaginarte
que es la primera vez que lo lees y que no fuiste tú quien lo escribió.

Acuérdate de revisar tus escritos siguiendo lo aprendido en el Capítulo 2.3:

- **Revisa la estructura general**
- **Revisa los párrafos**
- **Revisa las oraciones**
- **Revisa las palabras usadas**
- **Revisión por compañeros**

La gramática y tu escritura

Los adjetivos
El uso de adjetivos precisos en tu descripción hará que lo que quieres decir resulte más
claro. Los adjetivos son modificadores. Los **adjetivos** modifican el significado de un nombre
o pronombre al contestar a las preguntas: **¿De qué tipo? ¿Cuál? ¿Cuántos? ¿Cuánto?**.

6.5 *Corregir*

Revisa tu descripción con cuidado para eliminar cualquier error de gramática, ortografía o
puntuación. Por ejemplo, los errores pueden crear distracción y la falta de comas puede
crear confusión en los lectores.

◆ Concéntrate en las comas

Las comas indican al lector que haga una pausa breve. También se usan para evitar confusiones. Marca tu borrador con colores para descubrir los lugares donde necesitas añadir comas.

Usa colores para marcar las comas Con un lápiz de color, encierra los adjetivos cuando uses dos o más de ellos seguidos. Lee la información que aparece a continuación y revisa lo que has encerrado en círculos. Añade las comas que sean necesarias.

La gramática y tu escritura

El uso de las comas con dos o más adjetivos
Los **adjetivos** son palabras que dicen qué clase, cuáles, cuánto o cuántos. En inglés es necesario añadir una coma entre los adjetivos cuando aparecen dos o más adjetivos antes del nombre que modifican.

Usa una coma para separar los adjetivos de igual rango
Los adjetivos de igual rango son aquellos que en inglés puedes escribir antes de un nombre en cualquier orden sin cambiar el significado de la frase. Sepáralos con una coma. No uses comas para separar adjetivos que deben permanecer en un orden específico.

6.6 Publicar y presentar

Hay muchas maneras de compartir tu descripción. Considera las siguientes sugerencias:

◆ Crea una carpeta

Usa una carpeta para guardar todos tus trabajos. Las siguientes actividades te ayudarán a mejorar la presentación de los mismos.

✍ **Actividad: Publica en un periódico** Si has escrito una descripción de una persona, lugar o suceso relacionado con tu escuela, presenta tu trabajo al periódico o revista escolar.

✍ **Actividad: Crea un folleto ilustrado** Tu descripción puede ser más interesante para los lectores si le añades fotos o dibujos que ilustren los detalles específicos de tu argumento principal. Busca imágenes en las revistas o créalas tú. Con el texto y las ilustraciones puedes crear un folleto.

◆ Reflexiona sobre tu descripción

Anota todo lo que piensas sobre lo que has aprendido al escribir una descripción. Incluye una copia de tus reflexiones en tu carpeta. Comienza dándoles respuesta a las siguientes preguntas:

- ¿Describir tu personaje dio por resultado que lo comprendieras de otra manera?
- ¿Cuál de las estrategias de revisión le recomendarías a un amigo? ¿Por qué?

CAPÍTULO 7

Persuasión
Ensayo persuasivo

◆ La persuasión en la vida diaria

Una palabra es mucho más que un sonido. Tus palabras pueden persuadir a un amigo para que te preste su bicicleta o convencer a un familiar de que vea un programa de televisión. Cuando usas palabras para influenciar las acciones y opiniones de otras personas, estás usando la **persuasión.**

Puedes encontrar ejemplos de persuasión a todo tu alrededor —en un anuncio de revista o en un editorial de periódico— inclusive en una caja de cereal. La escritura persuasiva convierte las palabras en hechos al fomentar la acción o cambiar el punto de vista de la gente.

◆ ¿Qué es el ensayo persuasivo?

Un **ensayo persuasivo** es un escrito breve en el que el escritor presenta un caso a favor o en contra de una posición en particular. Un buen ensayo persuasivo incluye:

- una afirmación clara de la posición del escritor respecto a un tema que tenga más de un aspecto.
- hechos, ejemplos y otros detalles que apoyen la posición del escritor.
- una organización clara.

◆ Tipos de escritura persuasiva

Los siguientes son algunos tipos de escritura persuasiva:

- Las **cartas persuasivas** se escriben para persuadir a una persona que va a tomar una decisión de que apoye una causa o medida en particular.
- Los **editoriales** dan y apoyan una opinión sobre un tema de actualidad. Pueden aparecer en periódicos, revistas, en la televisión o la radio.
- Los **discursos políticos** los dan los políticos para obtener apoyo para una medida o una posición específica.
- Los **anuncios de servicio público** son anuncios de radio o televisión diseñados para persuadir y educar al público.

7.1 Conexión entre lectura y escritura

Lee el ensayo persuasivo que aparece en tu libro en inglés.

Estrategia de lectura: Entiende el propósito del escritor El propósito del escritor —informar, entretener, ofrecer argumentos en apoyo de una posición— afecta los datos, los argumentos y las imágenes que usa. Cuando leas, formula una idea del propósito del escritor y piensa si lo logró.

Aplicación a la escritura: Ayuda a los lectores a entender tu propósito Para ayudar a los lectores a comprender el propósito de tu ensayo, comienza con una afirmación sobre tu tema y la posición que tomas al respecto.

7.2 Antes de escribir

◆ Elige un tema

Para crear un buen ensayo persuasivo, escribe sobre un asunto que te interese. Usa las siguientes actividades para seleccionar un buen tema. (Recuerda que tu tema debe tener más de un ángulo.)

✍ **Actividad: Mesa redonda** Haz una mesa redonda con la participación de un grupo de compañeros de clase en que se discutan los problemas de tu escuela y comunidad. Presenta tantos asuntos diferentes como sea posible. Anota los temas sobre los que tienes opiniones más definidas. De entre ellos, elige uno para que sea el tema de tu ensayo.

❖ Escritura cooperativa

Documental de radio sobre cursos obligatorios Forma un grupo e investiga qué clases son obligatorias en tu escuela y cuáles no lo son. Divide entre todos las siguientes tareas: analizar los beneficios y desventajas de que las matemáticas, las ciencias y los idiomas extranjeros sean cursos obligatorios. Cada miembro del grupo debe escribir una sección del documental. Graba el documental para que la clase lo escuche

◆ Limita tu tema

Una vez que has elegido un asunto, limita el tema. Una actividad para limitar tu tema es el "embudo".

✍ **Actividad: Pasa el tema por el embudo** Estos son los pasos para pasar tu tema por el embudo. Primero dibuja un embudo, y después...

1. Escribe el tema general encima de la boca del embudo.
2. A un lado del dibujo divide el tema en dos partes.
3. Selecciona una parte para concentrarte en ella y escríbela en la parte más ancha del embudo.
4. Apunta las causas y efectos que tienen conexión con este subtema.
5. Describe una causa y un efecto en la parte más estrecha del embudo.
6. Formula un tema limitado basado en las anotaciones anteriores.

◆ Tu público y tu propósito

Tu propósito al escribir un ensayo persuasivo es convencer a los lectores. El conocer a tu público te va a ayudar en este propósito. Según reúnes detalles y escribes tu borrador, ten en cuenta la siguiente pregunta: ¿Qué es lo que tus lectores consideran importante? ¿A qué tipo de razonamiento y lenguaje responderán los lectores?

◆ Recopilar detalles

Proporciona apoyo

   Para persuadir a los lectores debes darle apoyo a tu posición sobre el tema. Entre los tipos de apoyo se incluyen los siguientes:

- **Argumentos lógicos:** El pueblo necesita dinero. Una pista de patinaje proporciona dinero. Por lo tanto, debemos construir la pista.
- **Estadísticas:** El ochenta por ciento de los electores apoya la construcción de la pista.
- **Opiniones de expertos:** El profesor Irving Hud argumenta que los servicios públicos de recreación mejorarán los negocios en el pueblo.
- **Observaciones personales:** Todos los días veo niños que no tienen nada que hacer. Una pista de patinaje les ofrecerá una actividad.
- **Un lenguaje combativo e imágenes de impacto:** Nuestro pequeño pueblo aletargado comienza a despertarse. Podemos darnos la vuelta y dormirnos de nuevo o levantarnos y hacer lo que se requiere.

Haz un cuadro T Escribe el tema en la parte superior de una hoja de papel. Dobla el papel en dos para crear dos columnas. En la parte de arriba de la primera columna escribe "Pro" y anota lo que apoya tu posición. En la parte de arriba de la segunda columna escribe "Contra" y anota cualquier evidencia que pueda ser usada para combatir tu idea.

7.3 *Hacer un borrador*

◆ Da forma a tu escrito

Desarrolla un enunciado de propósito

La evidencia que has reunido va a respaldar tu posición. Para que tu posición se mantenga clara para los lectores, revisa tus notas y desarrolla un enunciado de propósito o sea, una oración clara que resuma tu argumento. Incluye este argumento en tu introducción.

Organízate para dar énfasis

Las ideas en un ensayo persuasivo son como notas en una pieza musical. Para crear un ritmo en tu obra, identifica el punto más fuerte de un cuadro T. También ten en cuenta el argumento más fuerte en contra de tu posición. Después, considera la posibilidad de usar la siguiente organización:

I. Introducción

- Comienza con una imagen llamativa o algo que atraiga la atención
- Presenta tu enunciado de propósito.

II. Primer grupo de argumentos

- Empieza a ganarte a tus lectores presentándoles la mayoría de tus argumentos.

III. Reconoce a la oposición

- Presenta los argumentos más sólidos en contra de tu posición
- Impugna estos argumentos. Muestra que son ilógicos o exponen los hechos falsamente, o que tus ideas tienen más peso que ellos.

IV. El argumento más fuerte

- Introduce el argumento más sólido de tu posición. Puedes señalar que inclusive si tus otros argumentos no fueran buenos, este argumento por sí solo demuestra tu caso.
- Presenta tu argumento más sólido.

V. Conclusión

- Haz un resumen de tus argumentos.
- Expone tu tesis de nuevo.
- Termina con una imagen memorable, un cuento breve o una frase.

◆ Elabora

Al igual que una pieza musical, el ensayo persuasivo tiene un ritmo. Si escribes sobre un punto y no lo respaldas con datos, es como si a una pieza musical le faltara una nota. La elaboración incluye los argumentos lógicos, las estadísticas, historias sobre experiencias personales, imágenes coloridas y palabras y frases combativas.

Usa SEE para presentar ideas en niveles

El método SEE (del inglés *State*, *Extend*, *Elaborate*) te puede ayudar. Para escribir un párrafo en niveles, comienza con la idea principal. Después añade una idea tras otra para seguir ampliándola. Sigue estos pasos:

- Presenta (**S***tate)* la idea principal del párrafo.
- Extiende (**E***xtend)* la idea. Puedes dar tu opinión de la idea, darla de nuevo con un énfasis diferente o aplicarla a un ejemplo.
- Elabora (**E***laborate)* sobre la idea en una o más oraciones. Dale respaldo a la idea, o a tu opinión sobre ella, refiriéndote a tu cuadro T.

7.4 *Revisar*

Acuérdate de revisar tus escritos siguiendo lo aprendido en el Capítulo 2.3:

- **Revisa la estructura general**
- **Revisa los párrafos**
- **Revisa las oraciones**
- **Revisa las palabras usadas**
- **Revisión por compañeros**

La gramática y tu escritura

Oraciones compuestas

Para unir dos ideas, puedes crear una **oración compuesta**, es decir, una oración que contiene dos o más cláusulas.

Una **cláusula independiente** es una cláusula que puede ser una oración completa por sí sola. Se pueden unir dos cláusulas independientes en una sola oración por medio del punto y coma o con una coma seguida de una conjunción: y, pero, o, por, pues o aunque.

7.5 *Corregir*

Tu intención es que tu ensayo persuada a tus lectores de que tu posición es correcta, no de que tienes que mejorar tu ortografía. Revisa tu borrador cuidadosamente en busca de errores de ortografía, puntuación, gramática y construcción.

◆ Concéntrate en los signos gramaticales

Los escritores persuasivos usan oraciones para hacer declaraciones, preguntas y exclamaciones en el calor de una discusión. Asegúrate de que usas los signos de interrogación y exclamación apropiados para cada tipo de oración.

7.6 *Publicar y presentar*

Dale a tu ensayo persuasivo la oportunidad de hacer que alguien cambie de opinión:
publícalo o preséntalo. Ten en cuenta estas sugerencias:

◆ Crea una carpeta

Actividad: Envía una carta Si has escrito sobre un problema local, como una
intersección de tráfico peligrosa, busca a una persona o agencia que tenga
autoridad sobre la situación y envíale tu ensayo persuasivo con una carta de
presentación. Comparte el ensayo y la respuesta que hayas recibido con la clase.

Actividad: Crea una página en la red Para fomentar el intercambio de ideas, crea
una página en la red, o espacio de discusión en Internet o en la página de la
escuela. Pídele a un maestro o supervisor de tu escuela que te ayude. Publica tu
ensayo y pide que hagan comentarios.

◆ Reflexiona sobre tu ensayo

Anota algunas de tus ideas sobre la experiencia de escribir un ensayo persuasivo.
Comienza dándole respuesta a estas preguntas:

- ¿Qué aprendiste sobre el tema mientras lo escribías?
- ¿Cuál fue la parte del proceso que te resultó más difícil?

CAPÍTULO 8

Exposición
Ensayo de comparación y contraste

◆ Los ensayos de comparación y contraste en la vida diaria

Si te mudas a una casa nueva, seguro que vas a comparar el nuevo barrio con el que vivías antes. Tomar decisiones significa hacer comparaciones. Puedes decidir que hoy te vas a poner los zapatos tenis: los comparaste con las sandalias que te pusiste el día anterior.

El ensayo de comparación y contraste se funda en esas comparaciones de la vida diaria. Al crear nuevas comparaciones, los escritores nos ayudan a tomar decisiones o a ver cosas viejas de una manera más fresca.

◆ ¿Qué es un ensayo de comparación y contraste?

Un **ensayo de comparación y contraste** analiza las semejanzas y diferencias entre dos o más cosas. Puede ayudarte a decidir cuál es la bicicleta que vas a comprar. Un buen ensayo de comparación y contraste puede hasta cambiar tu perspectiva, como cuando un crítico compara una canción de última moda con una de un álbum viejo y te hace notar lo increíblemente parecidas que son. Un ensayo de comparación y contraste incluye:

- un tema que tiene que ver con dos o más cosas que no son casi idénticas ni extremadamente diferentes.
- detalles que ilustran tanto las similitudes como las diferencias.
- una organización clara que destaca los puntos de comparación.

◆ Tipos de ensayos de comparación y contraste

Además de los ensayos corrientes de comparación y contraste, algunos ensayos especializados también usan la comparación y el contraste.

- **La comparación de productos** compara dos o más productos, ofrece información reciente sobre ellos y enumera las ventajas y desventajas de comprarlos.
- **Los planes de evaluación** comparan dos o más planes alternativos o decisiones, discuten las circunstancias y comparan las ventajas y desventajas de cada plan.

8.1 Conexión entre lectura y escritura

Lee el ensayo de comparación y contraste que aparece en tu libro de texto en inglés.

Estrategia de lectura: Identifica los puntos principales Al identificar los puntos principales del ensayo —los puntos que el escritor quiere que recuerdes— puedes entender mejor la información que éste te presenta.

Aplicación a la escritura: Ayuda a los lectores a identificar los puntos principales Cuando escribas tu propio ensayo de comparación y contraste, asegúrate de ayudar a los lectores a identificar los puntos principales. Puedes hacerlo si usas palabras de transición, como son "primero", "segundo", "tercero" y "además" o frases, tales como "en contraste" o "al mismo tiempo".

8.2 Antes de escribir

◆ Elige un tema

Realiza las siguientes actividades para encontrar un tema de comparación y contraste interesante:

> **Actividad: Haz una lista** Dobla una hoja de papel formando tres columnas verticales. En la primera columna haz una lista de cosas que has seleccionado recientemente, como los productos que has comprado. En la segunda columna, escribe una frase descriptiva al lado de cada artículo. En la tercera columna, anota una alternativa a tu selección. Revisa la lista y selecciona el tema más interesante.

◆ Escritura cooperativa

Folleto de viaje Tanto las montañas como la costa del mar son lugares atractivos para visitar. Junto con un grupo, compara y contrasta estos dos lugares de vacaciones. Divide tu grupo en dos grupos pequeños. Un subgrupo puede escribir sobre las semejanzas y el otro sobre las diferencias. Presenta el trabajo a la clase en la forma de un folleto o panfleto ilustrado.

◆ Limita tu tema

Una vez que hayas seleccionado tu tema, decide si es demasiado amplio para cubrirlo en un ensayo breve. Usa el sistema de los seis lados del cubo para limitar el tema.

Usa el cubo para limitar el tema
Para usar el cubo, sigue los pasos siguientes:

1. **Descríbeselo** a alguien que no esté familiarizado con ese tema.
2. **Asócialo** con alguien o algo, o con un suceso de tu vida.
3. **Aplícalo,** explicando lo que puedes hacer con él, sobre él o a él.
4. **Analízalo,** dividiéndolo en partes.
5. **Compáralo y contrástalo** con cosas similares y cosas diferentes.
6. **Da argumentos a favor y en contra** explicando los puntos buenos y los malos.

Encierra en un círculo algunos de estos detalles para concentrarte mejor en tu tema.

Tu público y tu propósito

Tu **público** (las personas que son tus lectores) y tu **propósito** (tu razón para escribir) deben determinar tu selección de los detalles y el estilo de escritura. Antes de comenzar a escribir, considera qué detalles y qué vocabulario se adapta mejor al nivel de conocimientos de tu público. Examina también tu propósito.

Analiza tu propósito

Responde a las siguientes preguntas antes de recopilar los detalles y comenzar a escribir tu borrador:

- ¿Estoy tratando de **persuadir** a mi audiencia de que haga algo o crea en algo? De ser así, enfatiza los detalles que prueben tu caso.
- ¿**Instruirá** mi ensayo a los lectores al proporcionarles información? Si es así, piensa en preguntas que puedan hacerse los lectores y contéstalas en tu ensayo.
- ¿Podré **entretener** a mis lectores, hacerles reír o compartir una experiencia personal o una idea? Si lo es, usa una lenguaje rico para comunicar el humor, la belleza u otras cualidades de tu tema.

Recopila detalles

Para un ensayo de comparación y contraste, concéntrate en reunir detalles que muestren las semejanzas y las diferencias entre lo expuesto.

Usa un diagrama de VENN

Dibuja dos círculos grandes que queden montados en el centro; cada círculo corresponderá a un tema. Llena cada círculo con detalles referentes sólo al tema que le corresponde y escribe los detalles comunes en el espacio en que los círculos quedan superpuestos.

8.3 Hacer un borrador

Da forma a tu escrito

No es posible que simplemente escribas todos los detalles que has acumulado y digas que el resultado es un ensayo. Primero tienes que organizar los detalles de una manera lógica para que el lector pueda formarse una imagen clara de tu tema.

Selecciona una organización efectiva

Existen dos formas principales de organizar una comparación: el método en bloque y el método de punto por punto.

Método de bloque

- Primero, presenta todos los detalles sobre uno de los temas.
- Después, presenta todos los detalles sobre el segundo tema (después, sobre el tercero, el cuarto, etc.)

El método de bloque funciona bien si estás escribiendo sobre más de dos cosas o si el asunto es complejo.

El método de punto por punto

- Primero, compara un aspecto de ambos asuntos.
- Después, compara otro aspecto de ambos asuntos, y continúa así por cada aspecto importante del tema.

Selecciona un método de organización apropiado para tu tema. Después, haz un boceto colocando los detalles de acuerdo a este método.

◆ **Elabora**

A medida que escribas tu borrador, incorpora los detalles que has reunido de acuerdo a la organización que seleccionaste. Piensa que eres un artista que añade imágenes vívidas, ejemplos interesantes y razones claras como si fueran toques de color en un lienzo. Una técnica para escribir de esta manera cuidadosa y llena de colorido es la de organizar las ideas en niveles.

Usa el sistema SEE para organizar las ideas en niveles

Para escribir un párrafo en niveles, comienza por escribir la idea principal del párrafo. Después, elabora sobre la idea –ofrece más detalles.

Presenta (*State*) la idea principal del párrafo en una oración.

Extiende (*Extend*) tu idea principal. Puedes exponerla de nuevo con un énfasis diferente, mostrar su relevancia en un caso particular o cómo difiere de otro punto.

Elabora (*Elaborate*) sobre tu idea principal en una o más oraciones. Ofrece ejemplos, explicaciones u otros detalles de apoyo.

8.4 Revisar

Acuérdate de revisar tus escritos siguiendo lo aprendido en el Capítulo 2.3:

- **Revisa la estructura general**
- **Revisa los párrafos**
- **Revisa las oraciones**
- **Revisa las palabras usadas**
- **Revisión por compañeros**

La gramática y tu escritura

La concordancia entre el sujeto y el verbo: Las oraciones compuestas

Un **sujeto compuesto** consiste de dos sujetos unidos por una conjunción. Cuando los sujetos que se combinan están en singular, las siguientes dos reglas te ayudarán a que el sujeto compuesto concuerde con el verbo:

- Dos o más sujetos en singular que se unen por medio de la conjunción "y" requieren que el verbo esté en plural.

  EJEMPLO: Nadar y jugar al tenis son deportes divertidos.

- Dos o más sujetos en singular que se unen por medio de "o" requieren que el verbo esté en singular.

  EJEMPLO: Una ardilla o un ratón estuvo por aquí.

8.5 *Corregir*

Revisa con mucha atención tu borrador en busca de errores de ortografía, gramática, puntuación y construcción de oraciones.

◆ Concéntrate en los pronombres

Revisa tu borrador para estar seguro de que usaste los pronombres correctos para cada antecedente.

La gramática y tu escritura

La concordancia entre los pronombres y los antecedentes
Los **pronombres** son palabras que toman el lugar de un nombre (sustantivo) o de varios nombres.
Un pronombre debe **concordar** con su antecedente tanto en **persona** como en **número**. Un pronombre de **primera persona** se refiere a la persona que habla; un pronombre de **segunda persona** se refiere a la persona a quien se le habla y un pronombre de **tercera persona** se refiere a la persona, lugar o cosa de la que se habla.
El **número** indica si el pronombre es **singular** (se refiere a uno) o **plural** (se refiere a más de uno).

8.6 *Publicar y presentar*

◆ Crea una carpeta

Ten en cuenta estas ideas para la publicación y presentación de tu ensayo:

✍ **Actividad: Sé un consumidor vigilante** Si tu ensayo contiene información que puede ser de utilidad para los consumidores, crea junto con otros compañeros un Panel de Información del Consumidor. Léele tu ensayo a la clase y usa efectos visuales para comunicar mejor los datos que has recolectado.

✍ **Actividad: Presenta tu ensayo a tus familiares y amigos** Si escribiste sobre algo que es parte de tu vida, organiza una lectura en voz alta para tu familia y amigos. Pide a los miembros de la audiencia que comenten sus reacciones.

◆ Reflexiona sobre lo que escribiste

Escribe unas notas breves sobre tu experiencia con la comparación y el contraste y contesta las siguientes preguntas:
- ¿Te llevó el proceso de comparación y contraste a desarrollar nuevas ideas sobre tu tema?
- ¿Cuál fue la mejora más importante que le hiciste al ensayo cuando lo revisaste?

CAPÍTULO 9

Exposición
Ensayo de causa y efecto

◆ Las explicaciones de causa y efecto en la vida diaria

Un amigo explica que su bicicleta tiene una goma ponchada y que ésa es la razón por la que no fue al centro comercial. Esta excusa es una **explicación de causa y efecto:** explicaciones de la razón por la que sucedió algo.

Sin las explicaciones de causa y efecto no habría excusas, pero tampoco habría ciencias, planes o juegos. ¿Para qué cambiar las baterías si tú no crees que la electricidad hace que la linterna funcione? Las explicaciones de causa y efecto nos ayudan a que nuestro mundo tenga sentido y a descubrir nuevas posibilidades.

◆ ¿Qué es un ensayo de causa y efecto?

La exposición es un tipo de escritura que informa o explica. Un **ensayo de causa y efecto** es una exposición que explica las razones por las que ha sucedido algo o los resultados que ha de producir determinado suceso o situación. Un ensayo de causa y efecto puede enfocarse en las causas, como la explicación de por qué los días son más cortos en el otoño, o puede enfocarse en los efectos, como en un ensayo sobre los resultados de usar productos químicos en la agricultura. En cualquiera de los dos casos, un ensayo de causa y efecto explica un grupo de acontecimientos o hechos en relación con otro grupo.

Los ensayos de causa y efecto incluyen:

- un tema bien definido que se puede cubrir en varias páginas.
- una detallada y explicación de dos o más sucesos o situaciones, y la relación entre ellos.
- una organización clara con transiciones que indiquen la relación entre los detalles.

◆ Tipos de ensayos de causa y efecto

Los siguientes son algunos tipos de ensayos de causa y efecto que podrías escribir:

- Los **informes de ciencia** describen una serie de hechos (incluyendo experimentos) y los explican de acuerdo a las leyes naturales.
- La **narración histórica** describe las causas o efectos de un suceso, por ejemplo de una guerra o unas elecciones.
- La **investigación de causa y efecto** describe las causas o efectos de algo que has notado, como el cambio en los patrones del clima.

9.1 Conexión entre lectura y escritura

Lee el fragmento que aparece en tu libro de texto en inglés.

Estrategia de lectura: Infiere Ni siquiera en un ensayo de causa y efecto le es posible a un escritor explicar todos los detalles. Por consiguiente, cuando lees, tienes que hacer **inferencias**. Usa las explicaciones y los detalles que te proporciona el texto para sacar conclusiones sobre los detalles que no se incluyeron. Usa tus conocimientos para hacer inferencias.

Aplicación a la escritura: Ayuda a los lectores a inferir Cuando escribas tu propio ensayo de causa y efecto, ayuda a tus lectores a inferir proporcionándoles evidencias minuciosas de tu explicación de causa y efecto.

9.2 Antes de escribir

◆ Elige un tema

Tal vez te has preguntado por qué las hojas cambian de color o el pelo se vuelve gris cuando la persona envejece. Elige una pregunta que te interese para que sea el tema de tu ensayo. Realiza la siguiente actividad para estimular ideas:

> **Actividad: Discusión** Con un grupo de compañeros, intercambia ideas sobre posibles temas. Contesten estas preguntas: ¿Qué causa X? y ¿Cuáles son los efectos de Y? Alguien del grupo debe escribir las ideas en la pizarra. Selecciona un tema de la lista.

❖ Escritura cooperativa

Folleto de causa y efecto Junto con un grupo de compañeros de clase, selecciona un suceso histórico importante que contenga muchas causas y efectos o elige un tema amplio con muchos subtemas. Cada miembro del grupo debe elegir un tema o conjunto de causas y efectos. Trabajen de manera individual para escribir un ensayo de causa y efecto sobre el tema seleccionado. Después, reúnanse para revisar los ensayos y produzcan un folleto que tenga una cubierta y una página con el contenido.

◆ Limita tu tema

Considera si tu tema es lo suficientemente limitado como para examinarlo completamente en un ensayo corto. Un tema que tenga muchas causas y efectos, como las causas de las tormentas, es demasiado amplio. Sin embargo, los efectos de un tornado sería un tema apropiado. La siguiente actividad te ayudará a limitar tu tema.

> **Actividad: Usa la ingeniosidad clásica para limitar tu tema** Los filósofos de la antigua Grecia crearon la actividad de la ingeniosidad clásica para analizar un tema. Estos son los pasos:
>
> **1.** Contesta las preguntas siguientes:
>
> - ¿En qué categoría cae tu tema?
> - ¿En qué se asemeja o diferencia tu tema de otros en esa categoría?
> - ¿Qué causas y efectos están relacionados con este tema?
>
> **2.** Revisa tus respuestas y encierra en un círculo los sucesos relacionados que te llamen la atención.
> **3.** Escribe una exposición que los resuma y úsala como tu tema limitado.

◆ Tu público y tu propósito

Identifica a tus lectores y tu propósito. Contesta estas preguntas para que se te facilite la selección de palabras y detalles que vengan bien con tu audiencia y tu propósito.

- ¿Qué saben mis lectores sobre mi tema?
- ¿Con qué tipo de vocabulario se sentirán más cómodos? ¿Formal o coloquial? ¿Con una combinación de los dos?
- Además de informar a mi público, ¿qué más quiero lograr? ¿Quiero que acepten un punto de vista o realicen una acción?

◆ Recopila detalles

Lleva a cabo una investigación

Probablemente no sepas todas las causas y efectos que tienes que cubrir. Haz un trabajo de investigación para informarte. Usa los recursos de la biblioteca, referencias en línea y fuentes primarias –por ejemplo, entrevistas con expertos o tus propias observaciones. Usa una gráfica T y tarjetas con anotaciones para facilitarte la tarea de recopilar detalles.

Usa una gráfica T Haz más eficiente tu investigación haciendo buenas preguntas. Traza una letra T en un pedazo de papel. En la parte de arriba anota el título del tema, inmediatamente debajo escribe (a un lado) ¿Qué causa _____? ;(al otro lado) ¿Cuáles son los efectos de _______? A cada lado de la T, haz una lista de frases que pueden completar la pregunta de las causas y los efectos relacionados con tu tema. Según hagas tu trabajo de investigación, contesta las preguntas.

9.3 *Hacer un borrador*

◆ Da forma a tu escrito

Organízate con lógica

Con la información que has reunido puedes empezar a escribir tu primer borrador. Comienza el ensayo con una introducción que incluya una o dos oraciones que resuman el punto principal que quieres expresar. Después, usa estas sugerencias para organizar los párrafos del texto:

Muchas causas/un solo efecto Si estás escribiendo sobre un solo suceso con muchas causas, dedica un párrafo a cada causa y después escribe un párrafo sobre el efecto.

Una causa/muchos efectos Si tu tema se trata de un solo suceso o situación que ha producido muchos efectos, entonces dedícale un párrafo a cada efecto.

Una serie de causas y efectos Si tu tema consiste de una serie de causas y efectos, organiza los párrafos en orden cronológico.

◆ Elabora

Ofrece explicaciones detalladas de cada causa o efecto. Asegúrate de que tus explicaciones incluyan suficientes evidencias para que los lectores puedan seguir la lógica de la conexión que estás haciendo.

Elabora sobre las conexiones causa y efecto

Los siguientes son tres tipos diferentes de conexiones:

- Las **leyes naturales** unen algunas causas a sus efectos.
- Los **procesos físicos** también unen algunas causas a sus efectos.
- Los **motivos** y los **hábitos** generalmente explican la forma en que actúa la gente.

9.4 Revisar

Acuérdate de revisar tus escritos siguiendo lo aprendido en el Capítulo 2.3:

- **Revisa la estructura general**
- **Revisa los párrafos**
- **Revisa las oraciones**
- **Revisa las palabras usadas**
- **Revisión por compañeros**

La gramática y tu escritura

El tiempo del verbo
Todos los verbos tienen diferentes formas, que se llaman tiempos. El **tiempo** de un verbo indica el momento en el que ocurrió la acción que el verbo expresa: pasado, presente o futuro.

9.5 Corregir

Con sólo cambiar una palabra puedes cambiar el significado de una frase. Una preposición puede crear una gran diferencia. Revisa tu texto cuidadosamente. Concéntrate en que las preposiciones que usas expresen la relación que te proponías.

◆ Concéntrate en las preposiciones

Revisa una lista de preposiciones corrientes y revisa tu borrador para estar seguro de que en todos los casos has usado la preposición que expresa lo que quieres decir. También, asegúrate de que no has usado dos preposiciones donde sólo hace falta una.

La gramática y tu escritura

Las preposiciones
La **preposición** conecta al nombre o pronombre con otra palabra de la oración. Las preposiciones muestran relaciones entre cosas. Cuando escribas en inglés, no uses dos preposiciones seguidas cuando sólo necesites una.

9.6 Publicar y presentar

A continuación encontrarás algunas ideas para presentar tu ensayo de causa y efecto:

◆ Crea una carpeta

✍ **Actividad: Presenta un diagrama** En una cartulina o con la ayuda de un proyector, crea un diagrama de la cadena de causas y efectos que explicas en tu ensayo. Lee el ensayo en voz alta, mientras vas señalando las partes apropiadas del diagrama.

✍ **Actividad: Produce una escena** Prepara una escena breve en la que tú y varios compañeros de clase representen la cadena de causas y efectos mencionados en tu ensayo. Mientras un narrador lee en voz alta el ensayo, los actores pueden representar los hechos que describe el narrador.

◆ Reflexiona sobre lo que escribiste

Escribe algunas notas sobre la experiencia de redactar un ensayo de causa y efecto. Para ayudarte a empezar, contesta estas preguntas:

- ¿Qué fue lo que disfrutaste sobre analizar las causas y efectos de tu tema? ¿Qué fue lo que no disfrutaste?
- ¿Qué fue lo más interesante que aprendiste?

CAPÍTULO 10

Exposición
Ensayo explicativo

◆ Ensayos explicativos en la vida diaria

Tú lees ensayos explicativos con mucha frecuencia. El folleto de instrucciones de un juego
para la computadora, las instrucciones para hacer rositas de maíz en el microondas, para
hacer reparaciones, las pautas para arreglar tu bicicleta o lavar alguna prenda de vestir,
todas éstas son formas de escritura que explican cómo hacer algo.

Probablemente, en tu vida diaria tú también das muchas explicaciones. Es posible que
le expliques a tu maestra cómo creaste invitaciones con tu programa nuevo de procesar
palabras o que le expliques a un amigo las reglas de algún juego. En este capítulo vas a
aprender el proceso de escribir ensayos de instrucciones de una manera clara y efectiva.

◆ ¿Qué es un ensayo explicativo?

El tipo de escritura que explica o informa se llama escritura explicativa. Uno de los tipos de
escritura explicativa más corriente son los ensayos que dan instrucciones para hacer algo.

Cuando das instrucciones, tú explicas cómo se hace algo. Separas el proceso en una
serie de pasos lógicos y explicas los pasos en el orden en que el lector debe seguir los.

Un ensayo de instrucciones útil y eficaz debe estar compuesto por:

- un tema limitado y enfocado que se puede explicar completamente en la extensión de un
  ensayo.
- una lista de los materiales que se necesitan.
- una serie de pasos lógicos que se explican en un orden cronológico.
- detalles que dicen cuándo, cuánto, con qué frecuencia o hasta qué punto.
- un formato de ensayo con una introducción, un desarrollo y una conclusión.

◆ Tipos de ensayos explicativos

Los siguientes son algunos de los tipos de ensayos explicativos de instrucciones que
puedes escribir:

- Cómo hacer algo.
- Cómo producir o fabricar algo.
- Cómo mejorar una técnica.
- Cómo lograr el efecto deseado.

10.1 Conexión entre lectura y escritura

Lee el fragmento que aparece en tu libro de texto en inglés.

Estrategia de lectura: Identifica la relación entre causa y efecto En este ensayo explicativo, da instrucciones para encontrar la relación entre la causa y el efecto –explicaciones de por qué sucede algo o se hace algo.

Aplicación a la escritura: Ayuda a los lectores a ver la relación de causa y efecto Cuando escribas las instrucciones, ofrece las razones por las que es importante seguir los pasos en el orden exacto.

10.2 Antes de escribir

◆ Elige tu tema

El primer paso al escribir un buen ensayo de instrucciones es seleccionar un tema apropiado. Elige un tema que conozcas bastante bien como para explicarlo claramente. También ten en cuenta que sea lo suficientemente sencillo como para que el lector pueda aprender los pasos con sólo seguir tus explicaciones. Las siguientes actividades te ayudarán a encontrar un tema adecuado.

Actividad: Usa tinta invisible Coloca una hoja de papel carbón entre dos hojas de papel en blanco. Con una pluma sin tinta, escribe en la hoja de arriba. Comienza escribiendo sobre algo que disfrutaste ese día. Después de cinco minutos, mira lo que aparece en la copia de carbón. Encierra en un círculo las palabras o frases que sugieran un tema para tu ensayo. (También puedes hacer esta actividad escribiendo en computadora con la pantalla apagada. Cuando termines enciende la pantalla para ver lo que escribiste.)

◆ Escritura cooperativa

Cómo organizar un juego para niños pequeños Junto con un grupo de compañeros, explica cómo organizar un juego para niños pequeños. Algunos de los integrantes del grupo pueden explicar el equipo o el área de juego, otros pueden trazar diagramas o hacer ilustraciones y otros pueden hacer una lista de las reglas y explicarlas.

◆ Limita tu tema

Una vez que has elegido un tema, evalúa si se puede cubrir completamente en un ensayo. Algunos temas son tan amplios que se pueden escribir libros sobre ellos. Por ejemplo, el tema "Cómo organizarse" es demasiado amplio para un ensayo. El tema se puede limitar y enfocarlo en cómo organizar el tiempo de estudio o cómo organizar tu armario. Si tu tema es muy amplio, concéntrate en un solo aspecto del tema que sea manejable.

◆ Tu público y tu propósito

El tema que seleccionas para tu ensayo refleja tu propósito al escribir. Probablemente tu **propósito** es explicar el tema. Tener en cuenta a tu público, las personas que van a leer tu ensayo, no es tan simple, pero es una de las partes más importantes de escribir un buen ensayo de instrucciones. Cuando pienses en tu público, hazte las siguientes preguntas:

- **¿Qué es lo que mi público sabe sobre este tema?** ¿Necesitan muchos antecedentes o sólo unos cuantos? ¿Van a necesitar la definición de los términos especiales que voy a usar?
- **¿Cuál es la edad de mi público?** ¿Debo usar un vocabulario sencillo para niños o usar un vocabulario apropiado para gente de mi edad o mayor?
- **¿Qué conocimientos tendrá mi público?** ¿Tendrán los conocimientos básicos necesarios para aprender lo que estoy enseñando?

◆ Recopila detalles

Una vez que has identificado a tu público, puedes concentrarte en reunir detalles. Como tu tema es una actividad o pericia que tú sabes bien, la mayoría de tus detalles pueden proceder de tus propios conocimientos y experiencia. Si necesitas asistencia para comenzar, usa la actividad de separar los detalles.

✐ **Actividad: Separa los detalles** Una forma de recopilar detalles es separar los en grupos. Comienza con una lista sencilla, como una lista de materiales o con los pasos. Después, desarrolla cada parte de la lista, añadiendo detalles específicos por cada área. Si te parece que tus listas se hacen demasiado largas o difíciles de manejar, analiza si tu tema es aún demasiado amplio o si estás incluyendo más detalles de los que necesita tu público.

10.3 Hacer un borrador

◆ Da forma a tu escrito

Una vez que tienes todos los detalles, necesitas ponerlos en orden. Piensa en los detalles como si fueran los ingredientes para una receta de panetela. Unir todos los ingredientes sin un orden crearía un desastre. Por otro lado, si mezclas los ingredientes de acuerdo a la receta y pones la mezcla en un molde para hornearla, el resultado será una panetela. El borrador es la fase de mezclar y tu proceso de escritura equivale a la etapa de hornear. Hacer un borrador es el proceso de juntar los detalles de manera que tengan sentido.

Organiza los detalles en orden cronológico

La organización lógica para los ensayos explicativos es el orden cronológico. Como un paso generalmente afecta a los pasos siguientes, explica los pasos en orden para ayudar al lector a seguir la secuencia lógica. Organiza los pasos que quieres explicar. Crea una línea cronológica usando notas engomadas, tarjetas de archivar o pedazos de papel.

Usa una línea cronológica para organizar los detalles

Cuando escribes los detalles en notas separadas, puedes organizar los pasos en orden y añadir más pasos si son necesarios.

◆ Elabora

Según tu ensayo va tomando forma, verás que algunas partes de tus explicaciones
necesitan más detalles. Con la elaboración (la inclusión de detalles) puedes ayudar al lector
a entender lo que se requiere en cada paso. Busca lugares en que el añadir detalles (cuánto,
por cuánto tiempo, hasta qué punto) haga más preciso tu ensayo.

Añade detalles

Según escribes tu borrador, haz una pausa de vez en cuando para señalar un lugar donde
puedes expandir las instrucciones añadiendo detalles que dan información más específica.
Usa palabras que indican acciones, horas, etc. para indicar dónde necesitas añadir
información. Escribe detalles adicionales en trozos de papeles de colores y pégalos en el
borrador.

10.4 *Revisar*

Acuérdate de revisar tus escritos siguiendo lo aprendido en el Capítulo 2.3:

- **Revisa la estructura general**
- **Revisa los párrafos**
- **Revisa las oraciones**
- **Revisa las palabras usadas**
- **Revisión por compañeros**

La gramática y tu escritura

Cláusulas y frases adverbiales

En muchos de los pasos de tu ensayo, vas a añadir palabras o grupos de palabras que dan
más información sobre el paso. Las **frases y cláusulas adverbiales** se pueden usar para
añadir detalles que indican cómo, dónde, por qué y bajo qué circunstancias se hace el
paso.

Cuando una frase o cláusula adverbial aparece antes de la cláusula principal de la
oración, sepárala con una coma. Pero no la separes con coma cuando la frase o cláusula
sigue a la cláusula principal.

10.5 *Corregir*

Los errores de ortografía, gramática y construcción pueden crear confusión. Corrige tu
ensayo para descubrir y eliminar esos errores. Revisa con especial cuidado que hayas
usado las comas correctamente.

◆ Concéntrate en las comas

Según revisas tu ensayo, verifica si has usado comas donde son necesarias. Puedes usar
comas para separar cláusulas adverbiales de introducción. También vas a necesitar comas
para separar los distintos elementos de una lista.

10.6 *Publicar y presentar*

◆ Crea una carpeta

Considera las siguientes posibilidades para publicar o presentar tu ensayo explicativo de instrucciones:

✍ **Actividad: Ofrece una demostración** Durante la demostración, distribuye copias de tu ensayo. Tu público puede seguir el texto mientras demuestras los pasos. Después, pueden quedarse con la explicación para seguirla solos.

✍ **Actividad: Haz un cartel** Haz un cartel de tus instrucciones con ilustraciones de cada paso de la actividad. Copia tu ensayo y corta los párrafos para pegarlos en los lugares apropiados del cartel.

◆ Reflexiona sobre lo que escribiste

Anota tus ideas y pensamientos respecto a tu ensayo de instrucciones. Puedes comenzar contestando estas preguntas:
- Explicar una actividad, ¿aumenta o disminuye lo que la disfrutas?
- Después de escribir tu ensayo, ¿crees que la actividad que explicaste será fácil o difícil de aprender? ¿Por qué?

CAPÍTULO 11

Investigación Informe

◆ Los informes en la vida diaria

Hay lugares que nunca has visto, pero de los que sabes algo. La investigación comienza cuando haces preguntas como: ¿Dónde está Sri Lanka? ¿Quién es el líder de Alemania? Tan pronto como buscas respuestas a estas preguntas —en la biblioteca, en una entrevista con un experto o en Internet— estás haciendo una investigación. Cada dato que averiguas añade algo a tu imagen del mundo. Aprende a escribir un informe y podrás expandir tus horizontes.

◆ ¿Qué es un informe?

Un **informe** presenta información que proviene de libros de referencia, observaciones, entrevistas u otras fuentes. Un buen informe no repite simplemente la información, sino que guía a los lectores a lo largo del tema. Les muestra por qué cada dato importa y crea una imagen completa del tema. Un buen informe incluye:

- un enfoque total o una idea principal.
- información recogida en una variedad de fuentes.
- una organización clara y transiciones fáciles.
- datos y detalles que apoyan cada punto importante.
- citas exactas y completas que identifican la fuente.

◆ Tipos de informes

Entre los informes que podrías escribir se incluyen lo siguientes.

- Los **bocetos biográficos** informan sobre los puntos sobresalientes de la vida de una persona importante.
- Los **informes sobre experimentos científicos** presentan el proceso y los resultados de experimentos.
- Los **ensayos documentados** usan la investigación para respaldar un punto o examinar una tendencia.

11.1 Conexión entre lectura y escritura

Lee el fragmento que aparece en tu libro de texto en inglés.

Estrategia de lectura: Pregunta Para aprovechar al máximo la lectura de un informe, haz preguntas.

Aplicación a la escritura: Ayuda a los lectores a contestar preguntas Mientras escribes el borrador de tu informe, piensa en las preguntas que puedan tener tus lectores. Proporciona todos los informes y detalles necesarios. Considera la posibilidad de ofrecer alguna información en forma de tablas o gráficas.

11.2 Antes de escribir

◆ Elige un tema

Usa las siguientes actividades para elegir un tema de investigación que te interese y del que haya suficiente información.

> ✍ **Actividad: Haz una lista** Haz una lista de ideas sobre animales, personas famosas o ciencia. Después de escribir por varios minutos, revisa la lista. Encierra en un círculo tres ideas y haz una lista de palabras que asocias con cada una. Después traza líneas entre los asuntos que están relacionados. Selecciona un tema de entre estos asuntos.

> ✍ **Actividad: Autoentrevista** Haz una tabla como la que aparece en tu libro de texto en inglés. Responde las preguntas, encierra palabras en círculos y traza líneas para señalar las conexiones. Luego elige un tema entre las ideas conectadas.

◆ Escritura cooperativa

Diseña un acuario Forma un grupo y prepara una exhibición de tiburones para un acuario. Cada miembro del grupo debe investigar un tipo de tiburón y buscar una foto de ese tiburón. Después cada uno escribe una leyenda de dos o tres párrafos para acompañar la foto. Trabaja en grupo para montar las fotos y las leyendas y crear una exhibición en las que los tiburones nadan en un "acuario".

◆ Limita tu tema

Después de escoger tu tema, asegúrate de que es lo suficientemente limitado para cubrirlo en un informe corto. Usa la actividad de la "ingeniosidad clásica".

> ✍ **Actividad: Usa la ingeniosidad clásica** La ingeniosidad clásica es una actividad que usaban los griegos de la antigüedad para explorar un tema. Para ayudarte a limitar tu tema, contesta preguntas como las siguientes:
>
> - ¿A que categoría pertenece tu tema?
> - ¿En qué se parece o se diferencia tu tema de otros temas en esta categoría?
> - ¿En qué otros temas se puede dividir?
> - ¿Qué relación de causa y efecto están envueltas en tu tema?

◆ Tu público y tu propósito

Los conocimientos de tu público sobre el tema determinarán los detalles que vas a incluir. Si los lectores de un informe sobre los tigres de la India es un grupo de niños pequeños, tendrás que explicar dónde está la India. Para un público de más edad, podrías omitir esta información, pero dar más detalles sobre los tigres.

◆ Recopila detalles

Usa una variedad de fuentes de investigación

Usa una variedad de fuentes para asegurarte de que la información que vas a presentar es correcta y mesurada. Siempre que sea posible consulta fuentes impresas para verificar la información que obtienes en Internet o en una entrevista. Si encuentras versiones diferentes de los datos, simplemente señala la discrepancia en tu informe.

Toma notas

Cuando encuentras información relacionada con tu tema, usa tarjetas de archivar para tomar notas detalladas. Sigue estas pautas:

- Escribe una nota en cada tarjeta.
- Verifica la ortografía de nombres y términos técnicos.
- Usa comillas cuando incluyes las palabras exactas tomadas de una fuente o informe.
- En cada tarjeta, apunta el título del libro o artículo y el número de la página, o escribe el nombre de la página de la red o el nombre de tu entrevistado.
- Crea una tarjeta para cada libro, artículo o entrevistado. Cuando se trata de una fuente impresa, anota el autor, el título, la editorial y el lugar y fecha de publicación. Si es un sitio de la red, anota el título de la página principal y la dirección que comienza con "http://". Para con los entrevistados, anota el nombre de la persona, dirección y número de teléfono, al igual que la fecha de la entrevista.

11.3 *Hacer un borrador*

◆ Da forma a tu escrito

Después que has recopilado la información para el informe de investigación, tienes que decidir cómo lo vas a organizar y presentar.

Desarrolla la idea principal o tesis

Determina el ángulo general de tu informe. Por ejemplo, en un informe sobre los tigres, puedes concentrarte en los requisitos de su hábitat o puedes enfatizar que la caza ilegal contribuye a que sea una especie en peligro de extinción. Escribe una oración que exprese tu concepto principal. Esta oración es el **enunciado de propósito**.

Haz un bosquejo

Escoge un método de organización Agrupa tus notas por categoría. Por ejemplo, coloca en un grupo todas las tarjetas sobre el hábitat de los tigres y en otro grupo todas las notas sobre las formas de caza. Después, selecciona un método de organización apropiado para tu tema.

- **Orden cronológico** Puedes organizar los detalles de acuerdo con la secuencia en que sucedieron, tal como se escribe un boceto biográfico.
- **Orden por tipo** Si tus notas son sobre ideas de igual importancia, puedes escribirlas una por una. Para un informe sobre serpientes venenosas en la India, podrías separar tus notas para cobras y víboras en diferentes carpetas.

Desarrolla un bosquejo De acuerdo al método de organización que has seleccionado, desarrolla un bosquejo de tu informe. Usa cada categoría de notas como el punto principal de tu informe. Usa números romanos para enumerar los puntos más importantes. Bajo cada número romano, usa letras mayúsculas para los detalles de apoyo.

◆ Elabora

Identifica los puntos que requieren aclaración

Después que escribas un párrafo, revísalo en busca de palabras que no conocías antes de comenzar el informe y datos que parezcan increíbles. Añade detalles para elaborar o aclarar esos puntos de tu informe.

11.4 Revisar

Acuérdate de revisar tus escritos siguiendo lo aprendido en el Capítulo 2.3:

- **Revisa la estructura general**
- **Revisa los párrafos**
- **Revisa las oraciones**
- **Revisa las palabras usadas**
- **Revisión por compañeros**

La gramática y tu escritura

Frases con participios
En inglés, la forma presente del verbo que termina con *–ing,* que en español se llama el gerundio, se puede usar para combinar oraciones. Se puede combinar el participio de pasado y de presente (gerundio) con otras palabras o frases. Observa el ejemplo:
ORACIONES CORTAS La abogada hablaba con calma. Ella resumió el caso.
COMBINADA   La abogada, hablando con calma, resumió el caso.

11.5 Corregir

◆ Concéntrate en las citas

En un informe debes citar las fuentes de dónde has extraído afirmaciones, datos que no son bien conocidos e ideas que no son las tuyas propias.

Citas internas Una forma básica que se usa para las citas es la cita interna en paréntesis. Una cita interna se coloca directamente después de la información que procede de la fuente mencionada. Éstas incluyen el apellido del autor y el número de la página en que aparece la información.

Lista de las obras citadas Al final de tu informe incluye una lista alfabética que proporcione una información completa de las fuentes que usaste. El siguiente es un ejemplo:

Momaday, N. Scott. *The Man Made of Words*
New York: St. Martin's Press, 1997.

La gramática y tu escritura

Los títulos de obras en comillas o subrayados
Los títulos de obras largas y los títulos de publicaciones periódicas se subrayan o se escriben en letra cursiva. También se subraya o se usa letra cursiva en los títulos de películas, series de televisión y obras musicales y de arte.
EJEMPLO *Mona Lisa* (título de una pintura).

   Usa comillas en los títulos de obras escritas cortas y páginas de Internet.
EJEMPLO "Rikki-tikki-tavi" (título de un cuento)

11.6 Publicar y presentar

Considera estas sugerencias para publicar y presentar:

◆ Crea una carpeta

Actividad: Crea una "galería de la fama" Junto con un grupo, crea una
exhibición de bocetos biográficos en una pizarra de anuncios. Monta cada informe
con una fotografía del sujeto. Después, añádele a cada imagen un título descriptivo,
como "Un inventor famoso".

Actividad: Diseña un sitio en la red Junto con compañeros de clase, diseña un
sitio en la red para tus informes. Crea ilustraciones que representen cada página
del sitio y una gráfica que muestre cómo cada una se conecta con las otras.
También diseña un membrete para cada página.

◆ Reflexiona sobre tu informe

En una nota breve, examina lo que pasó cuando escribiste tu informe de investigación.
Incluye estas reflexiones en tu carpeta de trabajos. Contesta las siguientes preguntas para
comenzar a escribir tus reflexiones:

* En el proceso de escritura, ¿qué aprendiste del tema que seleccionaste?
* ¿Qué estrategias de escritura recomendarías a otras personas? ¿Por qué?

CAPÍTULO 12

Respuesta a la literatura

◆ La respuesta a la literatura en la vida diaria

La lectura se considera generalmente como una actividad solitaria. Piensa que estás leyendo en una habitación vacía. Cualquiera que te vea no podría imaginar las aventuras que estás viviendo. Sin embargo, otra persona a millas de distancia podría compartir las mismas imágenes que pasan por tu mente solamente con leer el mismo libro.

En la respuesta a la literatura tú le dices a los lectores "cómo es el libro". Puedes ofrecer tu respuesta en una conversación corta con un amigo o escribirla para una revista. El expresar tu reacción te acerca a los lectores y te ayuda a mostrar que cuando leemos, raramente estamos solos.

◆ ¿Qué es un ensayo de respuesta a la literatura?

Un **ensayo de respuesta a la literatura** es un tipo de escritura que trata sobre lo que es de valor en un libro, cuento corto, ensayo, artículo o poema. El ensayo puede contar la trama de un cuento emocionante, explicar por qué un poema es bello o mostrar desencanto con la más reciente obra teatral de un escritor. Un buen ensayo de respuesta a la literatura incluye:

- un enfoque fuerte e interesante sobre un aspecto de la obra literaria.
- una organización clara que agrupa detalles relacionados.
- detalles para respaldar cada idea principal.
- un resumen de los aspectos importantes de la obra.
- un juicio sobre el valor del trabajo literario.

◆ Tipos de ensayos de respuesta a la literatura

Además de un ensayo literario corriente, hay otros tipos de respuestas a la literatura:

- **Las críticas de libros** le ofrecen al lector una impresión sobre un libro, lo animan a leerlo o lo disuaden de hacerlo.
- **Las cartas a un autor** le hacen saber al escritor que un lector consideró su obra un placer o una decepción.
- **La comparación de obras** compara aspectos específicos de dos o más obras.

12.1 *Conexión entre lectura y escritura*

Lee el fragmento que aparece en tu libro de texto en inglés.

Estrategia de lectura: Identifica las pruebas El escritor de un ensayo de respuesta a la literatura u otra obra de no ficción debe presentar pruebas que apoyen cada punto importante. Según lees obras de no ficción, identifica las pruebas que se ofrecen para lograr una mejor comprensión.

Aplicación a la escritura: Proporciona pruebas Según escribes tu ensayo, proporciónales a tus lectores pruebas de cada uno de los puntos principales.

12.2 *Antes de escribir*

◆ Elige un tema

Un buen ensayo de respuesta a la literatura comienza con algo a lo que tú reaccionas con firmeza. Usa estas actividades para elegir tal tema.

> **Actividad: Entrevístate** Contesta estas preguntas: ¿Cuál es mi tipo de lectura favorita? (Da un ejemplo) ¿Qué personaje me gustaría ser? Revisa tus respuestas y selecciona tu tema de entre las obras que mencionaste.

❖ Escritura cooperativa

Un panel de discusión Forma un grupo con otros estudiantes que estén escribiendo un ensayo sobre la misma obra. Cada uno debe escribir un párrafo sobre su reacción a la obra. Haz una lista de preguntas basadas en estas declaraciones. Después conduce una charla frente a la clase para responder esas preguntas y cualquier otra que tenga el público. Finalmente, cada miembro del grupo debe escribir un ensayo completo sobre la obra literaria.

◆ Limita tu tema

Después de seleccionar la obra que vas a reseñar, léela o revísala cuidadosamente. Una vez que tengas dominio del tema, divídelo en cinco aspectos para enfocar uno de ellos.

> **Actividad: Grupo de cinco** Traza una estrella grande de cinco puntas para usarla como un elemento gráfico de organización. Usa los siguientes rótulos para cada punta:

- **Actores** ¿Quiénes desarrollan la acción?
- **Actos** ¿Qué pasó?
- **Escenas** ¿Cuándo o dónde pasó?
- **Acciones** ¿Cómo sucedió?
- **Propósito** ¿Por qué pasó?

Junto a cada punta de la estrella, escribe detalles relacionados con el rótulo. Después destaca con un marcador los detalles que se conectan de manera interesante. Para crear un tema bien enfocado, resume en una oración los detalles que destacaste.

Tu público y tu propósito

Después de limitar tu tema, piensa en tu público y tu propósito para escribir. Usa tus respuestas a las siguientes preguntas para que te guíen en el proceso de reunir los detalles y escribir el borrador.

- **¿Están familiarizados mis lectores con este tipo de obra?** De ser así, da detalles que muestren lo que es especial en esta obra o cómo es diferente a otras obras del mismo tipo.
- **¿Desconocen mis lectores este tipo de obra?** Si es así, explica el propósito básico de la obra —contar un cuento con trama en suspenso, crear música con palabras, u otros.
- **¿Son lectores con experiencia, acostumbrados a leer?** En ese caso, no necesitas explicar cada detalle. Puedes proceder a tratar el argumento.
- **¿Estoy escribiendo para lectores menos sofisticados?** Para ayudar a estos lectores a imaginar al personaje, debes describirlo detalladamente y dar ejemplos específicos que revelen su personalidad.
- **¿Trato de persuadir a los lectores sobre algo?** Si tu propósito es persuadir a los lectores de que la obra "vale la pena leerla" o "no vale la pena leerla", concéntrate en los detalles que respalden tu opinión.
- **¿Trato de que el lector le dé más valor a esta obra?** Si tu propósito es intensificar la apreciación, señala las cualidades y patrones en la obra que podrían pasar inadvertidos para el lector.

Recopila detalles

Para que el lector logre tener una idea de la obra y con el fin de respaldar tu criterio al respecto, necesitas ofrecer ejemplos. Revisa la obra y toma notas para reunir los detalles que vas a incluir en tu ensayo.

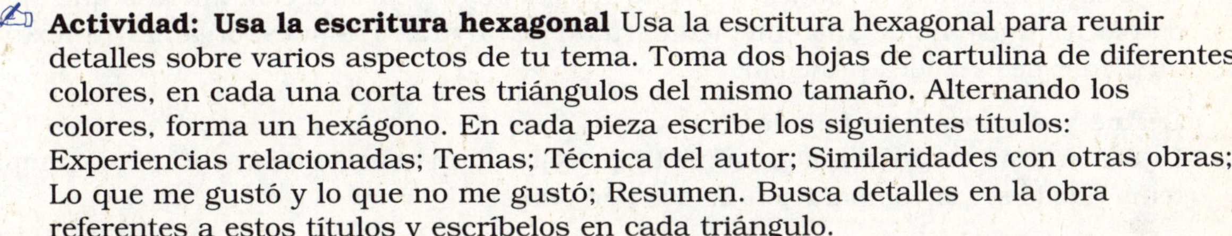

Actividad: Usa la escritura hexagonal Usa la escritura hexagonal para reunir detalles sobre varios aspectos de tu tema. Toma dos hojas de cartulina de diferentes colores, en cada una corta tres triángulos del mismo tamaño. Alternando los colores, forma un hexágono. En cada pieza escribe los siguientes títulos: Experiencias relacionadas; Temas; Técnica del autor; Similaridades con otras obras; Lo que me gustó y lo que no me gustó; Resumen. Busca detalles en la obra referentes a estos títulos y escríbelos en cada triángulo.

Lo que debes buscar

Según revisas la obra literaria que has seleccionado, busca los siguientes tipos de detalles. Apunta tus notas en la sección correspondiente del hexágono.

Resumen Si calificas un libro de interesante o de aburrido, tú tienes que decirle a los lectores de qué se trata. Para reunir los detalles, explora la obra a un nivel literal y después resúmela:

- Esboza los sucesos, ideas o imágenes principales.
- Indica cómo estos sucesos, ideas o imágenes se relacionan.
- Describe brevemente los personajes en la obra —la gente envuelta en la trama.

Experiencias relacionadas Las experiencias de un personaje o un verso de un poema frecuentemente nos recuerdan algo de la vida real. Parte del impacto de una obra depende de lo que nos muestra sobre el mundo. Anota las experiencias o asociaciones con la vida que puedes conectar con la obra.

Temas Muchas obras de literatura sugieren una pregunta u ofrecen una lección sobre la vida o sea, un **tema.** Para descubrir el tema de una obra, busca patrones de sucesos o contrastes entre los personajes. En este caso, si un personaje es egoísta mientras que otro es generoso, puedes llegar a la conclusión de que la generosidad es uno de los temas de la obra. Si el personaje egoísta tiene un mal final, la obra puede dar una lección sobre la avaricia. Escribe una oración que exprese el mensaje o la lección de la obra literaria.

La técnica del autor Los escritores crean un sinnúmero de efectos especiales con el uso de palabras. Reúne ejemplos de algunas de estas técnicas, como son las siguientes:

- Un escritor de cuentos cortos puede crear un efecto trágico al presentar un suceso en el momento preciso.
- Un poeta crea efectos con el uso del **lenguaje figurativo** o sea, una frase musical, imágenes con colorido y comparaciones sorpresivas.

La similitud con otras obras Cuando distintos escritores tratan el mismo tema, la diferencia en lo que escriben te puede mostrar lo que es especial en cada escritor. Recopila detalles específicos sobre los personajes, sucesos o la actitud del escritor que muestre cómo la obra que escogiste se puede comparar con otra.

La evaluación y la reacción Reseñar una obra literaria significa decirle al lector lo que opinas de la obra. Usa palabras precisas para describir tus reacciones. Ofrece ejemplos que demuestren exactamente lo que disfrutaste o lo que no te gusto del escrito.

12.3 *Hacer un borrador*

◆ Da forma a tu escrito

Después que reúnas los detalles de la obra, revisa tus notas para determinar el ángulo de tu ensayo. Identifica las conexiones entre los detalles y la dirección hacia la que apuntan, o la idea principal que aparentemente tratan de ilustrar. Después, organiza tu texto alrededor de esta idea principal.

Define y desarrolla tu ángulo

La declaración de un ángulo resume tu reacción a un aspecto de la obra. Por ejemplo, tu tema puede ser la comparación de dos personajes:

RESEÑA SIN ÁNGULO

Cherry tiene pelo negro. Sherri es rubia. A Cherry le gusta la aventura. A Sherri le gusta estar en la casa.

RESEÑA CON ÁNGULO

Es más fácil simpatizar con Cherry que con Sherry. A Cherry le gusta la aventura. Ella siempre dice alguna frescura cuando alguien la molesta.

Para definir un ángulo, revisa tus notas. Después contesta las preguntas que aparecen a continuación y escribe tu ángulo en una sola oración. Incluye esta oración en tu introducción y elabora sobre ella en la reseña.

1. ¿Cuál es mi reacción al tema?
2. ¿Qué detalles de la obra causan mi reacción?
3. ¿Qué conclusión puedo sacar sobre estos aspectos de la obra?

◆ Elabora

Ya has reunido detalles relacionados con tu tema. Según escribes el borrador, incluye estos detalles en tu ensayo para ayudar a los lectores a entender cada punto principal. De ser necesario, revisa la obra de nuevo para reunir más datos de apoyo.

Da apoyo

Cuando estás escribiendo debes consultar tus notas en busca de apoyo para los puntos principales. Incluye detalles como estos:

- **Citas** Cuando usas una cita, tomas las palabras exactas que se usan en la obra y las incluyes en tu borrador. Debes ponerlas entre comillas.
- **Resumen** Un resumen es un recuento breve de los sucesos o las ideas.
- **Descripciones** Tu propias descripciones pueden ayudar a los lectores a imaginar la escena de la obra, sus personajes, etc.
- **Comparaciones** Los escritores crean con frecuencia personajes, lugares e ideas que contrasten. Si estableces comparaciones entre estos aspectos puedes interpretar más fácilmente el significado de la obra.

12.4 Revisar

Acuérdate de revisar tus escritos siguiendo lo aprendido en el Capítulo 2.3:

- **Revisa la estructura general**
- **Revisa los párrafos**
- **Revisa las oraciones**
- **Revisa las palabras usadas**
- **Revisión por compañeros**

La gramática y tu escritura

La combinación de ideas en oraciones complejas

Para unir dos ideas puedes crear una oración compuesta. Una **oración compleja** consiste en una cláusula independiente y una o más cláusulas subordinadas. Una **cláusula independiente** puede ser una oración por sí sola. Una **cláusula subordinada** tiene un sujeto y un verbo, pero no puede ser una oración por sí sola. Una manera de formar una oración compleja es con el uso de una conjunción.

12.5 Corregir

Después de revisar tu ensayo, corrígelo con cuidado para descubrir cualquier error de ortografía, puntuación o gramática. Un ensayo sobre de una obra literaria probablemente va a incluir algunas citas del texto. Préstale atención especial a la puntuación, los espacios y el uso de letras mayúsculas en las citas. Las siguientes sugerencias te pueden ser útiles:

◆ Concéntrate en la citas

Las citas largas (de cuatro líneas o más) procedentes de una obra literaria se deben presentar en tu texto con espacio en ambos lados. Cuando citas parte de un texto, asegúrate de copiar las palabras exactamente como aparecen en el texto.

La gramática y tu escritura

Las reglas para la puntuación de las citas
Las siguientes son dos maneras de presentar en inglés citas procedentes de una obra literaria:
Las citas largas Introduce la cita con un punto y coma; deja espacio a la izquierda y a la derecha de la cita.
Las citas cortas Usa comillas y comas para separar la cita del resto de la oración. Usa comillas simples para una cita dentro de otra cita.

12.6 Publicar y presentar

A continuación hay algunas sugerencias para publicar y presentar tu reseña de literatura:

◆ Crea una carpeta

✍ **Actividad: Exhíbela en la biblioteca** Organiza la publicación de los ensayos de la clase en una tablilla especial en la biblioteca local o la de tu escuela. Añádele a cada ensayo una ilustración que llame la atención. Los estudiantes que buscan recomendaciones de libros para leer pueden mirar la tablilla.

✍ **Actividad: Publícala en un periódico** Ponte en contacto con el editor de un periódico local y organiza la publicación de los ensayos de la clase en una columna semanal que podrías titular "Crítica juvenil de libros".

◆ Reflexiona sobre lo que escribiste

Apunta algunas notas sobre tu experiencia en el proceso de escribir un ensayo de respuesta a la literatura. Comienza contestando estas preguntas:
- ¿Cómo escribir sobre la obra me ayudó a entenderla?
- ¿Me gustaría escribir mi próximo ensayo sobre el mismo tipo de obra o un tipo diferente? ¿Por qué?

CAPÍTULO 13

Escritura para evaluación

◆ La evaluación en la escuela

Escribir no es una actividad que solamente haces en la clase de inglés. Durante los años en que asistas a la escuela, vas a tomar exámenes escritos en muchas asignaturas, incluyendo estudios sociales, ciencia, salud y matemáticas. También tendrás que tomar exámenes estandarizados en escritura en los que se compara tu capacidad en la escritura con la del resto de los estudiantes del estado o la nación.

El tipo de escritura que haces en esos exámenes se llama escritura para evaluación. Esta escritura requiere destrezas especiales que puedes aprender y practicar con anterioridad al examen. En este capítulo vas a aprender cómo hacer el mejor trabajo posible cuando tengas que escribir para una evaluación.

◆ ¿Qué es la escritura para evaluación?

La palabra en inglés *assessment* significa "medir" o "evaluar". La **escritura para evaluación** se usa para medir cuánto has aprendido sobre un tema o para evaluar el desarrollo de tu capacidad para la escritura. La evaluación puede incluir:

- instrucciones específicas sobre lo que hay que escribir, llamada guía de escritura.
- un tiempo limitado para escribir.
- un espacio limitado en el que se escribe.
- la prohibición del uso de libros de texto, diccionarios u otros textos de referencia.

◆ Tipos de escritura para evaluación

Éstos son los diferentes tipos de escritura para evaluación:

- **Escritura persuasiva** es la que requiere que apoyes una opinión o posición mediante el uso del lenguaje persuasivo.
- **Escritura de exposición** es aquella que requiere que des información de una manera clara y bien organizada. Este tipo de escritura incluye:
  Escritura de comparación y contraste, que requiere que compares los aspectos de dos o más asuntos de una manera organizada.
  Escritura de causa y efecto, que requiere que expliques un proceso o una serie de hechos.

   Spanish-Speakers' Handbook   **59**

13.1 *Antes de escribir*

Cuando escribes para evaluación es muy importante que uses el tiempo de una manera sensata porque con frecuencia tu tiempo es limitado. Antes de comenzar, averigua cuanto tiempo tienes para terminar el examen. Una cuarta parte del tiempo la debes dedicar a las actividades de antes de escribir. Por ejemplo, si tienes una hora para la prueba, puedes dedicarle 15 minutos a revisar las preguntas y tomar notas.

◆ Elige tu tema

Cuando estás tomando una prueba estandarizada, no tienes que romperte la cabeza pensando en un tema: estará asignado en la guía de escritura. Cuanto más, tendrás que elegir una de varias opciones específicas.

Elige una guía de escritura

En caso de que puedas elegir, considera los temas cuidadosamente y los tipos de escritura que requiere cada selección. Elimina cualquier pregunta sobre la que no sepas lo suficiente. Selecciona el tema que más te interese o sobre el que más sepas. Si la guía de escritura te dice quiénes son tus lectores, piensa si te sientes más confortable escribiendo para adultos o para personas de tu misma edad, para personas que ya están familiarizadas con un tema o para principiantes que necesitan que se lo expliquen todo. Para practicar la escritura para evaluación, puedes pedirle un tema a tu maestro o seleccionar de las siguientes sugerencias de escritura:

◆ Limita tu tema

Cuando estás escribiendo para una prueba, se te asignan los temas posibles. Pero el tema que seleccionas tienes que limitarlo tú concentrándote específicamente en lo que las instrucciones dicen que tienes que hacer.

Identifica el tema y el propósito

Antes de comenzar a escribir, lee cuidadosamente la guía de escritura que has escogido e identifica cada una de los siguientes:

- **El tema** es el asunto sobre el que tienes que escribir. Asegúrate de que tienes en cuenta toda la información que te dan sobre el tema. Por ejemplo, un ensayo que explica por qué los pioneros viajaron hacia al oeste es diferente a un ensayo que explica qué tipos de personas se volvieron pioneros que viajaron al oeste. También vas a tener que escoger entre varios subtemas. Ponlos en una lista y escoge aquel del que sabes más.
- **Tu propósito al escribir** se identifica por medio de palabras clave en la guía. Estas palabras determinan qué información debes incluir y cómo la debes organizar.

◆ Recopila detalles

Una vez que entiendes tu tema y tu propósito, puedes comenzar a recopilar detalles. La forma de reunir los detalles dependerá de tu propósito.

Si una guía te pide que crees una pieza de escritura persuasiva:

- Comienza con asumir una posición de defensa.
- Después, haz una lista de las razones que apoyan tu punto de vista.

Si la guía te pide que crees una pieza de escritura informativa:

- Comienza con hacer una lista de las ideas principales.
- Después, haz una lista de los detalles de apoyo que desearías incluir.

13.2 *Hacer un borrador*

Asigna aproximadamente la mitad del tiempo de la prueba para escribir el borrador. Por ejemplo, si tienes una hora para hacer el examen, dedica media hora a escribir el borrador.

◆ Da forma a tu escrito

En una prueba es muy importante que lo que escribes tenga una dirección clara y esté organizado con lógica. Una vez que has reunido los detalles, ya estás listo para organizar tus ideas.

Busca un ángulo

Cualquier obra escrita, no importa lo corta o sencilla que sea, tiene que tener un ángulo orientador. Revisa la guía que has escogido y los detalles que has reunido. Entonces, formula la idea principal en una oración. Por ejemplo, la guía te podría pedir que apoyes una idea para la creación de un club en la escuela. Tu oración de idea principal puede ser "Un club de libros puede promover la lectura". Comienza tu borrador con una introducción que incluya esta oración. Usa una imagen o un dato interesante para captar la atención de tus lectores.

Haz un plan de organización

Como tu tiempo es limitado, escoge un método de organización claro y sencillo. Estas son algunas ideas para organizar un ensayo para evaluación, dependiendo de la guía a la que respondas:

- **Guía de escritura persuasiva** Si la guía te pide que persuadas a la gente sobre un asunto, usa un resumen para organizar tus razones, o simplemente enumera tus ideas en el orden de la menos a la más importante.
- **Guía de causa y efecto o de cómo escribir** Si la guía te pide que expliques una secuencia de pasos o sucesos, debes organizar tus ideas en orden cronológico. La manera más rápida es haciendo una línea cronológica.
- **Guía de comparación y contraste** Si la guía te pide que compares dos cosas, organiza tus ideas usando el método de bloque o el de punto por punto. Para usar el método de bloque, haz un boceto agrupando todos los detalles sobre una de las cosas y después todos los detalles sobre la otra. Para usar el método de punto por punto, haz un boceto que compare uno por uno, cada aspecto de las dos cosas.

◆ Elabora

Después de organizar tus ideas, estudia tu línea cronológica o boceto. Identifica lugares donde puedes añadir detalles para reforzar tu texto. Los detalles de apoyo incluyen lo siguiente:

- **Datos** Si estás explicando una serie de sucesos o pasos, proporciona datos que demuestren por qué o cómo un suceso se conecta con otro. Si estás escribiendo para persuadir, prueba tu punto por medio de evidencias.
- **Descripciones** Si estás comparando cosas, necesitas describirlas detalladamente. Si quieres persuadir, describe situaciones e ideas en forma positiva o negativa de manera de ayudar a tus lectores a ver tu punto de vista.
- **Ejemplos** Para ayudar a los lectores a captar tu punto de vista, da ejemplos que ilustren cualquier declaración general que hagas.

13.3 *Revisar*

Acuérdate de revisar tus escritos siguiendo lo aprendido en el Capítulo 2.3:

- **Revisa la estructura general**
- **Revisa los párrafos**
- **Revisa las oraciones**
- **Revisa las palabras usadas**
- **Revisión por compañeros**

13.4 *Corregir*

Tú podrías tener las mejores idea del mundo, pero no serán tomadas en serio si no te expresas en oraciones completas y con la puntuación correcta. Deja unos minutos libres al final de la prueba para corregir tu texto en busca de errores de ortografía, construcción, gramática y vocabulario. Asegúrate de que has expresado tus ideas en oraciones completas.

◆ Concéntrate en las oraciones completas

Examina cada oración de tu borrador. Léelas por separado, comenzando por el principio y terminando en el punto, y después pregúntate:

- ¿Expresa esta oración una idea completa?
- ¿Comienza con una letra mayúscula y termina con un punto?
- ¿Hay más de una idea en la oración sin la puntuación apropiada? Por ejemplo, ¿has usado una coma para unir dos oraciones?

Corrige las oraciones incompletas o superpuestas que encuentres. Tacha palabras y signos de puntuación con una sola raya y marca lo que vayas a añadir con el signo (^).

La gramática y tu escritura

El uso de oraciones completas y correctas

Cada **oración** debe expresar una idea completa. Un fragmento es un grupo de palabras, con la puntuación de una oración, pero que no expresa una idea completa. Si encuentras fragmentos de oraciones en tu texto, añade un sujeto o un verbo para hacer la corrección. También puedes arreglar un fragmento de oración conectándolo a otra oración.

Asegúrate de que cada oración comienza con una letra mayúscula y termina con un punto y del uso correcto de los signos de interrogación y admiración.

13.5 *Publicar y presentar*

◆ Crea una carpeta

Ten en cuenta las siguientes sugerencias para la publicación y presentación de tu trabajo:

✍ **Actividad: Prepárate para exámenes futuros** Cuando te prepares para otros exámenes de escritura, revisa tu ensayo. Recuerda cuáles fueron las estrategias que te ayudaron cuando escribías bajo limitaciones de tiempo. Si escribiste sobre un tema que se había tratado en una clase en particular, estudia tu texto para refrescar tu memoria sobre el tema.

✍ **Actividad: Organiza una charla en la clase** En un grupo de charla, compara tus respuestas con las de tus compañeros de clase. Habla sobre las razones por las que recibieron notas diferentes.

◆ Reflexiona sobre tu texto

Anota tus ideas sobre la escritura para evaluación. Comienza contestando estas preguntas:

- ¿Cuáles son tus puntos fuertes y débiles al tomar una prueba?
- ¿Cuál de las estrategias presentadas en este capítulo podría ayudarte a completar tu próxima prueba?

CAPÍTULO 14

Sustantivos y pronombres

En este capítulo aprenderás acerca de los sustantivos, que son palabras que designan personas, lugares o cosas. También aprenderás acerca de los pronombres, que son palabras que se usan en lugar de los sustantivos.

14.1 Sustantivos

→ Concepto clave

Los **sustantivos** nombran personas, lugares, cosas e ideas.

Algunos sustantivos como "elefante", por ejemplo, se refieren a cosas que se pueden ver. Otros, como "felicidad", se refieren a ideas o sentimientos.

PERSONAS
father, veterinary, Dr. Arenas, woman
padre, veterinaria, el Dr. Arenas, mujer

LUGARES
Río Bravo, San Antonio, class
Río Bravo, San Antonio, clase

COSAS
bees, car, computer, pen
abejas, carro, computadora, pluma

IDEAS
liberty, honesty, community, tendency
libertad, honestidad, comunidad, tendencia

¡Compara!

Tanto en inglés como en español el concepto de sustantivos es el mismo. En inglés los sustantivos se llaman *nouns*. En inglés los sustantivos tienen número como en español, pero no tienen género.

Practica ✍

1. *Primero en español*

Explica por qué cada una de las siguientes palabras puede funcionar como sustantivo:

a. cachorro ____________

b. collares ____________

c. ciudad ____________

d. lealtad ____________

e. familia ____________

f. Europa ____________

g. beisbol ____________

2. *Ahora en inglés*

Explica por qué cada una de las siguientes palabras puede funcionar como sustantivo:

a. dog __________

b. kennel __________

c. obedience __________

d. collar __________

e. willingness __________

f. Americans __________

g. veterinarian __________

h. notebook __________

i. strength __________

j. Lake Mead __________

◆ Los sustantivos colectivos

➜ Concepto clave

Un **sustantivo colectivo** nombra un grupo de persona o cosas.

orchestra (orquesta), *group* (grupo), *herd* (rebaño).

◆ Sustantivos compuestos

➜ Concepto clave

Un **sustantivo compuesto** es un sustantivo que está formado
por dos o más palabras.

PALABRAS SEPARADAS
middle school (secundaria)

PALABRAS UNIDAS POR UN GUIÓN
daughter-in-law (nuera)

UNA SOLA PALABRA
railroad (ferrocarril)

¡Ojo!
Usa un diccionario para verificar la ortografía de las palabras compuestas.

◆ Sustantivos comunes y propios

Los sustantivos se pueden dividir en comunes y propios.

➜ Concepto clave

Los **sustantivos comunes** nombran personas, lugares o cosas en
general. Los **sustantivos propios** nombran personas, lugares o
cosas específicas.

SUSTANTIVOS COMUNES
writer (escritor), *park* (parque), *document* (documento)

SUSTANTIVOS PROPIOS
*Mary Swenson, Yellowstone National Park, Declaration of
Independence*

¡Compara!

En español los sustantivos compuestos se escriben como una
sola palabra: pasamano, pasatiempo, antecámara.

Practica ✐

1. _Marca en las columnas si los siguientes sustantivos son simples o compuestos._

Noun	Simple	Compound
dog		
police officer		
firefighters		
fire engines		
working dogs		
self-discipline		
family		
umbrella		
drawbridge		
medical technician		

2. _Marca en las columnas si los siguientes sustantivos son comunes o propios._

Noun	Common	Proper
dog		
Yukon		
suburbs		
cities		
sheep		
Shelties		
Dalmatians		
Spaniel		
baseball		
New York Mets		

Aplica ✐

3. _Escribe una breve descripción de una mascota. Subraya todos los sustantivos e indica si son sustantivos comunes, propios o compuestos._

____

____

____

14.2 Pronombres

→ Concepto clave

Un **pronombre** es una palabra que toma el lugar de un
sustantivo.

→ Concepto clave

El **antecedente** es el sustantivo al que reemplaza el pronombre.

The firefighters described how they did their jobs.
Los bomberos describieron cómo ellos hacían su trabajo.

Practica ✍

1. *Primero en español*

Subraya el antecedente de cada pronombre.

a. El médico trabaja en su despacho.

b. Los médicos recibieron su entrenamiento en el Hospital General.

c. La enfermeras emplearon sus conocimientos especializados.

d. Las enfermeras estudian mucho. Ellas saben incluso estadística.

e. También hay médicos residentes. Hay muchos de ellos aquí.

2. *Ahora en inglés*

Haz una lista con todos los pronombres que encuentres en las siguientes oraciones. Al lado de
cada pronombre escribe su antecedente.

a. The doctor works in his office.

b. He received his training at General Hospital.

c. The nurses were able to use their specialized knowledge.

d. Nurses have to study very much. They even study statistics.

e. There are also resident doctors. There are many of them here.

◆ Pronombres personales

→ Concepto clave

Un **pronombre personal** se puede referir: a la persona que habla
o escribe (primera persona: *I*); a la persona que escucha o que
lee (segunda persona: *you*); a la persona, lugar o cosa de la que
se escribe o habla (tercera persona: *he, she, it*).

En tu libro de texto en inglés aparece una tabla con la lista de
los pronombres personales.

Practica ✍

1. *Lee las siguientes oraciones, identifica los pronombres personales y escribe si se trata de la primera, segunda o tercera persona.*

a. The man asked him to come in. ___________

b. He asked about his family. ___________

c. You might know them. ___________

d. They live in your same hometown. ___________

e. We have known Tom for a long time. ___________

◆ Pronombres demostrativos

➔ Concepto clave

Un **pronombre demostrativo** indica una persona, lugar o cosa.

En inglés hay cuatro pronombres demostrativos, dos para el singular: *this*, (éste, ésta, esto) y *that* (éste, ésta, esto) y dos para el plural: *these* (éstos, éstas) y *those* (ésos, ésas).

This has always been my favorite subject.
Ésta siempre ha sido mi materia favorita.

◆ Pronombres interrogativos

➔ Concepto clave

Un **pronombre interrogativo** se emplea para empezar una pregunta.

Los cinco pronombres interrogativos en inglés empiezan con la letra w: *what, which, who, whom, whose* (qué, cuál, quién, a quién, de quién). La mayoría de los pronombres interrogativos no tienen antecedentes

What did the doctor say? ¿Qué dijo el doctor?

◆ Pronombres indefinidos

➔ Concepto clave

Un **pronombre indefinido** se refiere a una persona, lugar o cosa que no se menciona específicamente.

> En tu libro de texto en inglés aparece una tabla con los pronombres indefinidos.

¡Compara!

Los pronombres demostrativos en inglés *this, that* (esto, eso) no tienen género masculino o femenino como en español.

En español existe un tercer pronombre demostrativo, aquél, con sus femeninos y plurales (aquélla, aquéllos y aquéllas), que se refiere a una distancia aún mayor que la indicada por *that* (eso).

Practica ✍

1. Marca en las columnas si las siguientes palabras son pronombres o sustantivos.

Noun or pronoun?	Noun	Pronoun
print		
her		
it		
news		
they		
those		
your		
age		
his		
item		

2. Marca en las columnas si los siguientes pronombres son personales o demostrativos.

Pronoun	Personal	Demonstrative
I		
this		
theirs		
it		
that		
mine		
they		
those		
she		
these		

Aplica ✍

3. Escribe un párrafo sobre tu estación de radio favorita. Usa pronombres personales y demostrativos. Subraya todos los pronombres que uses.

____

____

____

CAPÍTULO 15

Verbos

Por medio de los verbos podemos relatar lo que está pasando, lo que pasó y lo que pensamos que pasará. Este capítulo trata de los verbos y de tres clases de verbos diferentes.

15.1 Verbos de acción

El verbo se refiere a lo que alguien o algo hace, es decir, indica una acción.

→ Concepto clave

Un **verbo** expresa la acción de una persona, lugar o cosa.

The archeologists <u>discovered</u> new ruins.
Los arqueólogos <u>descubrieron</u> nuevas ruinas.

→ Concepto clave

Un **verbo transitivo** es un verbo que dirige la acción del que la ejecuta hacia el que la recibe. Un **verbo intransitivo** expresa una acción o dice algo acerca del sujeto de la oración pero no dirige la acción hacia otro.

The captain rang the bell.	El capitán tocó la campana. (transitivo)
The captain sailed on the ship.	El capitán navegó en el barco. (intransitivo)

¡Compara!

Tanto en inglés como en español el verbo debe concordar en número y persona. *I am, they are* (yo soy, ellos son).

Sin embargo, en español los verbos tienen una forma para cada número y persona. En inglés, el verbo solo varía en tiempo presente para señalar la tercera persona del singular: *go, goes.*

Practica ✍

1. *Primero en español*

Lee el párrafo siguiente y haz un círculo alrededor de todos los verbos transitivos y subraya los verbos intransitivos que encuentres.

Los primeros exploradores buscaban tierras, gloria y riqueza. Exploraron muchos territorios. Algunos se quedaron en las nuevas tierras. Otros regresaron a su lugar de origen.

2. *Ahora en inglés*

Lee el párrafo siguiente y haz un círculo alrededor de todos los verbos transitivos y subraya los verbos intransitivos que encuentres.

The first explorers searched for land, glory and riches. They explored many territories. Some remained in the new lands. Others returned to their homeland. They all built a new life wherever they went.

¡Recuerda!
Aunque las actividades mentales no pueden verse o escucharse directamente, no dejan de ser acciones. Son acciones de tipo intelectual, fruto del pensamiento.

¿Sabías que...
en español hay dos verbos que sirven para indicar estado o condición? Uno de esos verbos es "ser" y el otro es "estar". En inglés el equivalente de ambos es *be.*

15.2 *Verbos de enlace*

Los verbos de enlace sirven para unir los sustantivos y los
pronombres con palabras que los identifican o los describen.

→ Concepto clave

Un **verbo de enlace** une un sustantivo o un pronombre con una
palabra que lo identifica o describe.

En inglés el verbo de enlace más común es *be* (ser, estar), en
todas sus formas (*am, are, is, was, were*).

Elliot <u>was</u> ready. Elliot <u>estaba</u> listo.

> En tu libro de texto en inglés aparece una tabla con las formas
> del verbo *be*.

◆ Otros verbos de enlace

En inglés el verbo *be* es el verbo de enlace más común. Sin
embargo, también hay otros.

> En tu libro de texto en inglés aparece una tabla con los verbos
> de enlace más comunes.

◆ ¿Verbos de acción o verbos de enlace?

Muchos de los verbos de la tabla anterior pueden emplearse
como verbos de acción o verbos de enlace.

¡Compara!

Aunque el concepto de verbos de enlace es el mismo en inglés
que en español, hay algunos verbos cuyo significado no es
exactamente el mismo en los dos idiomas.

Tanto en inglés como en español los verbos *sound* (sonar), *smell*
(oler), *taste* (saber), pueden funcionar como verbos de enlace.

1. *Clasifica las siguientes palabras según sean sustantivos o verbos.*

Noun or Verb?	Noun	Verb
wrote		
description		
describe		
express		
expression		
action		
conquered		
conquest		
language		
speaks		

2. *Clasifica los siguientes verbos en verbos de acción o verbos de enlace.*

Action verb or linking verb?	Action verb	Linking verb
fall		
were		
fight		
control		
think		
sound		
attempt		
became		
replace		
seem		

Aplica ✍

3. *Escribe un breve resumen de lo que sepas sobre la antigua Grecia. Usa por lo menos tres verbos de acción y tres verbos de enlace. Subraya con una línea los verbos de acción y con dos líneas los verbos de enlace.*

____

____

____

15.3 *Verbos auxiliares*

Un verbo puede estar compuesto de varias palabras, como por
ejemplo *had jumped* (había saltado) o *might have talked* (podía
haber hablado). Los verbos que están antes del verbo principal,
como *jump* (saltar) o *talk* (hablar), se llaman verbos auxiliares.

➜ Concepto clave

Un **verbo auxiliar** es un verbo que precede al verbo principal y
realza su significado. Se llama **frase verbal** a la frase formada
por un verbo principal y uno o más verbos auxiliares.

put	puesto
had put	había puesto
will have put	habrá puesto
might have put	podría haber puesto
should have been put	debería haber estado puesto

◆ Reconoce los verbos auxiliares

En inglés los verbos auxiliares más comunes son todas las
formas de *be* (ser) y *have* (tener).

> En tu libro de texto en inglés aparecen unas tablas con las
> formas del verbo *be*, otros verbos auxiliares y frases verbales.

◆ Los verbos auxiliares pueden separarse

Una frase verbal puede separarse con palabras como *not* (no),
certainly (ciertamente) o *seldom* (de vez en cuando).

<u>Can</u> they really <u>build</u> their own home?
¿De verdad pueden construir su propia casa?

¡Compara!

En inglés se usa el verbo auxiliar *have* para formar los tiempos
perfectos. En español esos tiempos se forman usando "haber".

She <u>had</u> come before.
Ella <u>había</u> venido antes.

¿Sabías que...
es muy fácil identificar
una frase verbal? Si el
verbo principal está
precedido por verbos
auxiliares, se trata de
una frase verbal.

Practica ✍

1. Subraya el verbo auxiliar y haz un círculo alrededor del verbo principal de las oraciones siguientes.

The crew was expecting to leave at any minute. The captain had told them they would be leaving before dawn. They should have left over an hour ago. This had never happened before.

2. Identifica todos los verbos y las frases verbales de las oraciones siguientes. Indica con una A los verbos de acción, con una E los verbos de enlace, con una A los verbos auxiliares y con una P los verbos principales.

The immigrants tasted new foods once they arrived. They drank water from the cool streams. Everything appeared to be working well. They built a fire and began roasting some fish. It smelled delicious. Others began coming to see if they could help with the meal.

Aplica ✍

3. Escribe un relato breve sobre algo que podría haber vivido un inmigrante. Usa verbos auxiliares siempre que puedas y subraya todas las frases verbales.

____

____

____

CAPÍTULO 16

Adjetivos y adverbios

Los adjetivos son palabras que describen a los sustantivos y pronombres. Al igual que los adjetivos, los adverbios también son modificadores, pero describen a los verbos, adjetivos y a otros adverbios.

16.1 Adjetivos

Los adjetivos se emplean con los nombres y los pronombres.

→ **Concepto clave**

Un **adjetivo** es una palabra que describe un sustantivo o un pronombre.

◆ **Los adjetivos como modificadores**

Modificar significa "cambiar un poco". Los adjetivos modifican los sustantivos y pronombres al cambiar un poco su significado.

Los adjetivos responden a determinadas preguntas sobre el sustantivo o el pronombre que modifican:

¿DE QUÉ CLASE?
new car   auto nuevo

¿CUÁL?
this swan   este cisne

¿CUÁNTOS?
one hamburger   una hamburguesa

¿CUÁNTO?
no food   nada de comida

¡Compara!

En español el adjetivo va generalmente después del sustantivo. ¡En inglés sucede lo contrario!

I have a new game.
Tengo un juego nuevo.

En inglés, cuando dos sustantivos van juntos, el primero funciona como adjetivo. En español hay que usar "de" para relacionar los sustantivos.

It's a new video game.   Es un nuevo juego de video.
It's a game show.   Es un programa de juegos.

> **¿Sabías que...**
> los adjetivos se llaman también modificadores? Eso se debe a que modifican o cambian el significado de un sustantivo o pronombre.

Practica ✍

1. *Primero en español*

Lee el párrafo siguiente. Subraya todos los adjetivos que encuentres.

Los patos, gansos y cisnes son aves acuáticas. Todas las aves acuáticas nadan y flotan. Estas aves tienen patas palmeadas. Los patos son más pequeños que otras aves. La hembras tienen plumas de color pardo. Los machos, más grandes, tienen plumas de muchos colores.

2. *Ahora en inglés*

Encierra en un círculo cada adjetivo que encuentres en el párrafo siguiente. Indica con una flecha cuál es la palabra que modifica.

Ducks, geese, and swans are aquatic birds. All waterfowl swim and float. Ducks are smaller than other waterfowl. A female duck has dull feathers that blend in with her surroundings. Male ducks, also called drakes, are slightly larger that the females and have more colorful feathers. A mallard drake has bright green feathers on its head.

◆ Empleo de los artículos

Las palabras *a, an, the* (un, una, unos, unas, el, la, los, las) son adjetivos frecuentemente usados. Se llaman **artículos** y se clasifican en **definidos** e **indefinidos**.

→ Concepto clave

The (el, la, los, las) es el artículo **definido**. Indica una persona, lugar o cosa específicos.

→ Concepto clave

A y *an* (un, una, unos, unas) son artículos **indefinidos**. Indican personas, lugares o cosas en general.

the canoe	la canoa
a canoe	una canoa

> En tu libro de texto en inglés aparece una tabla con el empleo de *a* y *an*.

¡Atención!
El artículo indefinido *a* (un, uno, una, unos) se usa antes de consonante. El artículo indefinido *an* (un, uno, una, unos) se usa antes de vocal.

◆ Sustantivos empleados como adjetivos

En inglés, los sustantivos a veces pueden emplearse como adjetivos. El sustantivo que se emplea como adjetivo generalmente aparece justo antes de otro sustantivo y contesta las preguntas ¿Qué clase? (*What kind?*) y ¿Cuál? (*Which one?*).

a underline{waterfowl} refuge   un refugio de aves acuáticas

¡Compara!

En inglés un sustantivo puede modificar otro sustantivo como si fuera un adjetivo. En español se unen los sustantivos mediante una preposición.

◆ Adjetivos propios

Los adjetivos basados en un sustantivo propio, por ejemplo
Spanish (español), *Mexican* (mexicano), *African* (africano), se
llaman adjetivos propios.

➜ Concepto clave

Un **adjetivo propio** puede ser un sustantivo propio usado como
adjetivo o un adjetivo basado en un sustantivo propio.

> En tu libro de texto en inglés aparecen unas tablas con nombres
> propios empleados como adjetivos y adjetivos propios formados
> a partir de nombres propios.

¡Compara!

El concepto de adjetivos propios no existe en español. Los
adjetivos de nacionalidad o de religión que se escriben en inglés
con mayúscula se escriben en minúscula en español.

a Peruvian team	un equipo peruano
a Buddhist monk	un monje budista

◆ Adjetivos compuestos

➜ Concepto clave

Un **adjetivo compuesto** se forma con varias palabras.

a full-time job	un trabajo de tiempo completo
a freshwater lake	un lago de agua dulce

La mayoría de los adjetivos compuestos se escribe con guiones.

◆ Sustantivos empleados como adjetivos

➜ Concepto clave

Un sustantivo o un pronombre puede emplearse como un
adjetivo si modifica un sustantivo.

The duck pond sometimes freezes in winter.
El estanque de los patos a veces se congela en el invierno.

◆ Los sustantivos y pronombres posesivos como adjetivos

Un sustantivo o un pronombre posesivo se usa como adjetivo si
modifica un sustantivo.

SUSTANTIVO
The duck's feathers are colorful.
Las plumas del pato son coloridas.

PRONOMBRE
The ducks flapped their wings.
Los patos aleteaban.

Their es un adjetivo porque modifica *wings*. Al mismo tiempo,
es pronombre porque ocupa el lugar de su antecedente *ducks*.

◆ Adjetivos demostrativos

Los cuatro pronombres demostrativos, *this*, *that*, *these* y *those* se suelen usar como adjetivos.

PRONOMBRE
What are these?　　¿Qué son éstos?

ADJETIVO
These ducks are swimming in the pond.
Estos patos nadan en el estanque.

◆ Adjetivos interrogativos

Tres de los pronombres interrogativos, *which*, *what* y *whose*, pueden usarse como adjetivos interrogativos.

<u>*Which*</u> *parrot do you think he will buy?*
¿Cuál perico crees que comprará?

Practica ✐

1. *De la lista de palabras siguientes subraya los adjetivos.*

a. graceful water bird

b. interesting pet

c. whose voice

d. unusual sounds

e. parrot's cage

f. webbed feet

2. *Subraya los adjetivos de las oraciones siguientes. Haz un círculo alrededor del sustantivo que modifican.*

a. My green parrot is my favorite animal.

b. A yellow stripe runs down the center of its wings.

c. Two or four times a day it will eat fresh fruit.

d. Its beak has an oval shape.

e. It can eat a whole banana in no time.

f. Which animal do you like best?

Aplica ✐

3. *Escribe un párrafo sobre un ave que te guste. Usa adjetivos para añadir detalles interesantes a la descripción. Subraya los adjetivos.*

____

____

____

16.2 *Adverbios*

Tal como los adjetivos, los adverbios se consideran también
modificadores pues sirven para modificar otras palabras,
principalmente verbos.

→ Concepto clave
Los **adverbios** modifican un verbo, un adjetivo u otro adverbio.

◆ Los adverbios modifican verbos

Casi siempre los adverbios modifican verbos y contestan a las
preguntas: ¿Dónde? ¿Cuándo? ¿Cómo? ¿Qué tanto?

He swims <u>often</u>.   Nada <u>a menudo</u>.

> En tu libro de texto en inglés aparece una tabla con adverbios
> que modifican verbos.

◆ Los adverbios modifican adjetivos

Los adverbios que modifican adjetivos nos dicen qué tanto.

He was <u>very</u> upset.   Estaba <u>muy</u> disgustado.

> En tu libro de texto en inglés aparece una tabla con adverbios
> que modifican adjetivos.

◆ Los adverbios modifican otros adverbios

Los adverbios que modifican adjetivos nos dicen qué tanto.

He moved <u>very</u> quickly.   Se movía con <u>mucha</u> rapidez.

> En tu libro de texto en inglés aparece una tabla con adverbios
> que modifican otros adverbios.

◆ Encontrar adverbios en la oración

> En tu libro de texto en inglés aparece una tabla con la ubicación
> de los adverbios en la oración.

¡Compara!

Los adverbios existen tanto en inglés como en español. En inglés
hay adverbios fáciles de identificar porque terminan en *-ly* . Esa
terminación equivale en español al sufijo –mente:

Come here immediately.   Ven inmediatamente.

> **¿Sabías que...**
> puedes identificar un
> adverbio por su
> terminación? Hay
> muchos adverbios en
> inglés que terminan con
> el sufijo *-ly*.

Practica ✍

1. *Haz una lista con todos los adverbios que encuentres en el párrafo siguiente. Al lado de cada adverbio indica cuál es la palabra que modifica.*

Parrots screech loudly to establish their territory. The sounds travel quickly to other parrots. They often communicate in this way. Parrots have very accurate hearing. Screeching usually expresses their excitement as well. It frequently occurs at dusk. Screeching is one of the most effective ways to attract a mate.

◆ ¿Adverbio o adjetivo?

Una palabra es un adjetivo si modifica a un sustantivo o un pronombre. Es un adverbio si modifica a un verbo, un adjetivo u otro adverbio.

ADVERBIO
Lumberjacks work <u>hard</u>.
Los leñadores trabajan duro.

ADJETIVO
Lumberjacks enjoy <u>hard</u> work.
A los leñadores les gusta el trabajo duro.

¡Compara!

Mientras en español casi todas las palabras terminadas en –mente son adverbios, no sucede eso en inglés con las palabras terminadas en –ly.

En inglés varios adjetivos llevan la terminación –ly. Son adjetivos basados en sustantivos, como *friendly* (amistoso), *princely* (principesco), *lovely* (encantador).

Parrots are not always very <u>friendly</u> animals.
Los pericos no son siempre animales my <u>amistosos</u>.

<table>
<tr><td>

> **¡Recuerda!**
> Los adjetivos y adverbios responden a diferentes preguntas. ¿De qué clase?, ¿cuál?, ¿cuántos? y ¿cuánto? sirven para identificar adjetivos. ¿Dónde?, ¿cuándo?, ¿cómo? y ¿hasta qué punto? tienen como respuesta a un adverbio.

</td></tr>
</table>

Practica ✍

1. *Subraya los adverbios de las oraciones siguientes.*

a. Parrots are covered beautifully with green and red feathers.

b. Parrots learn to fly very quickly.

c. After a few months they are fully grown.

d. Parrots often nest in palm trees.

e. During a storm, they curl up tightly.

2. *Subraya los adverbios de las oraciones siguientes. Haz un círculo alrededor de los adjetivos. Traza una flecha del adjetivo o adverbio a la palabra que modifica.*

a. A parrot screeches menacingly to show confidence.

b. Each flock has a lead male.

c. Other males willingly obey him.

d. Leaders are strong and usually quite large.

e. What I like more about them is their graceful flight patterns.

　　　　Spanish-Speakers' Handbook　**83**

Aplica

3. *Escribe una breve descripción de un ave que hayas observado o sobre la que hayas leído. Usa modificadores para describir su comportamiento. Subraya todos los adverbios que uses.*

____

____

____

Preposiciones

17.1 Reconocer preposiciones

→ Concepto clave

Una **preposición** relaciona un sustantivo o un pronombre con
otra palabra de la oración.

> En tu libro de texto en inglés aparece la tabla de preposiciones
> más comunes.

Si la preposición cambia, el significado del texto cambia
también.

The parade passed <u>near</u> the building.
El desfile pasó cerca del edificio.

The parade passed <u>behind</u> the building.
Es desfile pasó detrás del edificio.

Las preposiciones formadas por más de una palabra se llaman
preposiciones compuestas.

> En tu libro de texto en inglés aparece una tabla con
> preposiciones compuestas.

¡Compara!

En inglés las preposiciones son mucho más numerosas que en
español. Hay que tener cuidado de no traducirlas literalmente.

Practica ✍

1. *Primero en español*

Subraya las preposiciones en el párrafo siguiente.

Entre la luna y la tierra no hay más cuerpos celestes. Sí hay, en cambio, muchos satélites
artificiales que han enviado los hombres. También se han enviado naves exploradoras a la
luna y a Marte. Por todas partes hay ahora objetos de los hombres.

2. *Ahora en inglés*

Subraya todas las preposiciones que encuentres en el párrafo siguiente.

The first satellite went beyond Earth's atmosphere. It moved in an orbit around Earth.
Scientist gathered measurements of the satellite's orbit. For six years the men on earth
gathered information. Man has also sent exploration vehicles to the Moon and Mars. With so
many objects in space, we have created a litter problem.

17.2 Las preposiciones en oraciones

→ Concepto clave

Una preposición siempre introduce una frase preposicional en
una oración.

◆ Frases preposicionales

Una frase preposicional es un grupo de palabras que empieza
con una preposición y termina con un sustantivo o un pronombre
que se conoce en inglés como *object of the preposition*:

<u>from</u> the solar system   <u>del</u> sistema solar

Practica ✍

1. *Subraya la frase preposicional en las siguientes oraciones.*

a. Asteroids and meteors are found in the atmosphere.

b. Solar flares are often composed of gases.

c. Copernicus revealed that the Earth revolved around the Sun, not the Sun around the
Earth.

d. Venus is visible from sunrise to sunset.

e. Neptune is not the farthest planet from the Sun.

◆ ¿Preposición o adverbio?

En inglés, algunas palabras se usan tanto como preposición
como adverbio.

Una preposición siempre está seguida por un sustantivo o un
pronombre. Después de un adverbio no se necesita ninguna
palabra más.

PREPOSICIÓN
The broken panel was outside the spacecraft.
El panel roto estaba fuera de la nave.

ADVERBIO
The astronauts stepped outside.
Los astronautas salieron afuera.

¡Compara!

En inglés los adverbios se usan para cambiar el significado de los
verbos. Por ejemplo: *come* (venir), pero *come in* (entrar), *come out*
(salir). En español usamos otro verbo.

¡Atención!
En inglés, después de
la preposiciones se usa
la forma del
complemento directo de
los pronombres: *me,
you, him, her, us, them.*

¡Recuerda!
Para distinguir un
adverbio de una
preposición puedes usar
las preguntas ¿cómo? y
¿hasta qué punto? Si
hallas respuesta, es un
adverbio y no una
preposición.

Practica ✍

1. *Encierra en un círculo las preposiciones que encuentres en las siguientes oraciones. Cuéntalas para saber cuántas preposiciones hay en total.*

Venus is the second planet from the Sun. Although one of the small planets, Venus is not at all like Earth. The atmosphere is thick and the air pressure is greater than on Earth. Venus is surrounded by clouds. It has three layers of clouds, and its surface cannot be seen easily from Earth.

2. *Subraya las preposiciones y los adverbios de las siguientes oraciones. Indica con una P las preposiciones. Señala los adverbios con una A.*

a. Where do comets come from?

b. That was the question we all left with after the talk.

c. Some came up with interesting explanations.

d. I looked for the answer in my sister's book.

e. Before long I found the answer.

Aplica ✍

3. *Escribe una descripción corta de un planeta u otro cuerpo celeste que te llame la atención. Haz un círculo alrededor de las preposiciones que emplees.*

____

____

____

CAPÍTULO 18

Conjunciones e interjecciones

Las conjunciones pueden conectar palabras o grupos de palabras, y sirven para combinar oraciones. Las interjecciones agregan un matiz especial a las oraciones.

18.1 Conjunciones

→ Concepto clave

Las **conjunciones** conectan palabras y grupos de palabras.

◆ Conjunciones coordinantes

Las **conjunciones coordinantes** conectan palabras o grupos de palabras que tienen forma similar. Las conjunciones coordinantes comunes son *but* (pero), *and* (y), *nor* (ni), *for* (por), *so* (así que, pues), *or* (o), *yet* (pero).

The pen <u>and</u> paper contained fingerprints.
La pluma <u>y</u> el papel tenían huellas digitales.

¿Sabías que...
las conjunciones también conectan frases y oraciones?

¡Compara!

Tanto en inglés como en español las conjunciones son invariables, es decir, no cambian.

◆ Conjunciones correlativas

Las **conjunciones correlativas** son pares de conjunciones que conectan palabras o grupos de palabras.

¡Atención!
No siempre se pueden traducir las conjunciones literalmente.

   Éstas son las conjunciones correlativas en inglés y sus equivalentes en español:

both . . . and	tanto... como
either . . . or	o... o
neither . . . nor	ni... ni
not only . . . but also	no sólo... sino también
whether . . . or	(ya) si... o

Every morning she <u>both</u> runs <u>and</u> swims.
Todas las mañanas corre y nada.

¡Compara!

En inglés cuando se usa la conjunción correlativa *not only . . . but also* (no sólo... sino también) puede haber un sustantivo entre *but* y *also*. Eso no ocurre en español.

Not only can they sing, but they can also tap-dance.
No sólo saben cantar sino también saben bailar tap.

Practica ✎

1. *Primero en español*

Escoge la conjunción coordinante o correlativa que mejor complete la oración.

a. Me gustan los estudios científicos ____________ los estudios sociales. (pero, y)

b. Vemos las huellas ____________ no las podemos identificar. (pero, por)

c. El análisis debe ser completo ____________ el caso no puede probarse. (o, y)

d. El detective ____________ indagó en el asunto ____________ pudo explicar su comportamiento. (o... o, ni... ni)

e. ____________ quiero ser un buen detective, ____________ famoso como Mr. Poirot. (no sólo... sino también, a... o)

2. *Ahora en inglés*

Escribe la conjunción coordinante o correlativa que mejor complete la oración.

a. Many people nowadays ____________ analyze clues ____________ solve crimes. (both . . . and / whether . . . or)

b. They can ____________ investigate ____________ can they solve crimes. (whether . . . or / neither . . . nor)

c. ____________ the police ____________ the coroner can determine the time of death. (neither . . . nor / neither . . . or)

d. We cannot win ____________ lose the case! That doesn't make sense. (or / and)

e. The skeletal remains showed evidence of trauma ____________ poisoning. (yet / and)

Aplica ✎

3. *Describe a tu detective favorito. Usa dos conjunciones correlativas y tres conjunciones coordinantes. Subráyalas.*

____

____

____

18.2 Interjecciones

Si alguien exclama *Terrific!* (¡Estupendo!), o *Gosh!* (¡Caray!) se
está expresando con una interjección.

→ **Concepto clave**

Las **interjecciones** son palabras que expresan sentimiento o
emoción.

Las interjecciones pueden estar seguidas de un signo de
exclamación y separadas de la oración que las sigue, o puede
estar simplemente seguida por una coma y unida a la oración.

<u>Oh</u>, *we did not expect you today.*
<u>Oh</u>, no te esperábamos hoy.

> En tu libro de texto en inglés aparece una tabla con
> interjecciones.

¡Compara!

Tanto en inglés como en español las interjecciones se suelen
usar para llamar la atención.

Practica

1. *Primero en español*

Escribe una oración con cada una de las siguientes interjecciones: ¡Uy!, ¡Pst!, ¡Oh!, ¡Uf!, ¡Ya!

a. ____

b. ____

c. ____

d. ____

e. ____

2. *Ahora en inglés*

Escribe una oración con cada una de las siguientes interjecciones:

Aha,   Alas,   Boy,   Gosh!,   Hey!,   Wow!

a. ____

b. ____

c. ____

d. ____

e. ____

Aplica

**3. *Escribe un breve relato de algún misterio que hayas resuelto o de algo interesante
que hayas descubierto. Usa por lo menos tres interjecciones, tres conjunciones
coordinantes y tres conjunciones correlativas. Subráyalas.***

____

____

____

¡Atención!
Las interjecciones
pueden expresar:
sorpresa, entusiasmo,
curiosidad, interés,
acuerdo, desacuerdo,
duda o dolor.

¿Sabías que...
las interjecciones se
usan sobre todo cuando
hablamos? Cuando se
usan por escrito es
para reproducir una
conversación o diálogo.

CAPÍTULO 19

Partes básicas de la oración

Las ocho partes de la oración se combinan siguiendo ciertos patrones para formar oraciones. Las oraciones nos permiten comunicar nuestras ideas.

19.1 *La oración básica*

◆ Las dos partes básicas de la oración

→ Concepto clave

La **oración** consiste en un sujeto y un verbo y expresa un pensamiento completo.

→ Concepto clave

El **sujeto** de la oración es la palabra o grupo de palabras que nombra a la persona, lugar o cosa que hace la acción.

The <u>cat</u> is thirsty.	El <u>gato</u> tiene sed.
<u>She</u> knows several tricks.	<u>Ella</u> conoce varios trucos.

→ Concepto clave

El **verbo** indica lo que hace el sujeto, lo que se le hace al sujeto o la condición del sujeto.

The dog <u>won</u> the prize.	El perro <u>ganó</u> el premio.

> **¡Recuerda!**
> La oración siempre debe tener un sujeto. La mayoría de los sujetos son sustantivos o pronombres y se encuentran al principio de la oración.

◆ El sujeto y el verbo en las ideas completas

→ Concepto clave

Un grupo de palabras con un sujeto y un verbo expresa una completo si tiene sentido por sí solo.

IDEA INCOMPLETA
En la cesta del pasillo

IDEA COMPLETA
El gato duerme en la cesta del pasillo.

Las ideas incompletas se llaman también **fragmentos**.

Practica ✍

1. *Primero en español.*

Copia cada una de las siguientes oraciones. Subraya una vez el sujeto y subraya dos veces el verbo.

a. El chico identifica a su gato.

b. Nosotros vimos a los pumas.

c. Los tigres comen mucho.

d. Mi gatita se llama Pimienta.

e. Tino domestica a los leones.

2. *Ahora en inglés.*

Copia cada una de las siguientes oraciones. Subraya una vez el sujeto y subraya dos veces el verbo.

a. Ocelets are cats, aren't they?

b. Cats age at different rates.

c. Lionesses protect their cubs.

d. The mane of the lion appears golden.

e. The pride of lions lies on the savannah.

Aplica ✍

3. *Escribe tres oraciones completas. Usa tres sustantivos y tres verbos diferentes.*

____

____

____

19.2 *Sujetos y predicados completos*

→ Concepto clave

El **sujeto completo** consiste en el sujeto y las palabras relacionadas.

The small black cat jumped.   El pequeño gato negro saltó.

El **predicado completo** consiste en el verbo y las palabras relacionadas.

The cat jumped in the air.   El gato saltó en el aire.

19.3 *Sujetos y predicados compuestos*

◆ Identifica los sujetos compuestos

→ Concepto clave

Un **sujeto compuesto** consiste en dos sujetos o más enlazados *and* u *or.*

The cat and the dog played together.
El gato y el perro jugaron juntos.

◆ Identifica los predicados compuestos

→ Concepto clave

Un **verbo compuesto** son dos verbos o más que tienen el mismo
sujeto enlazado por *and* u *or*.

The cat <u>will either jump or fall</u>.   El gato o <u>saltará o se caerá</u>.

¡Compara!

Tanto en inglés como en español tenemos sujetos y predicados
simples y compuestos.

Practica ✍

1. *Primero en español*

En las siguientes oraciones, subraya el sujeto completo y encierra en un círculo el predicado
completo. Luego escribe si son simples o compuestos.

a. El gato corrió hacia la ventana. _____________ __________

b. Juan y Ana bañaron al perro hoy. _____________ __________

c. Los cachorros comían y jugaban juntos en la casa. _____________ __________

d. Todos los gatos y algunos perros persiguieron a Pedro. _____________ __________

e. Tú y yo visitaremos a María y la acompañaremos. _____________ __________

2. *Ahora en inglés*

En las siguientes oraciones, subraya el sujeto completo y encierra en un círculo el predicado
completo. Luego escribe si: *simple, compound.*

a. Cats and dogs are popular household pets. _____________ __________

b. Some dogs are bigger and heavier than others. _____________ __________

c. My brother and I prefer cats to dogs. _____________ __________

d. The kitten cried and then scampered away. _____________ __________

e. Jenny and Faye adopted two cats and cared for them. _____________ __________

19.4 *Sujetos difíciles de identificar*

◆ Identifica el sujeto en los mandatos y las indicaciones

→ Concepto clave

El sujeto se sobreentiende en los mandatos o indicaciones.

(You) Find the cat.   (Tú) Encuentra el gato.

◆ Identifica el sujeto en las preguntas

→ Concepto clave

En las preguntas, el sujeto generalmente sigue al verbo.

Algunas preguntas empiezan con las palabras *what, which,*
whom, whose, when, where, why o *how* (qué, cuál, quién,
cuándo, dónde, porqué y cómo). Otras preguntas empiezan con el
verbo o con el verbo auxiliar.

Did the cats wash themselves?   ¿Se lavaron los gatitos?
When are you going to feed them?   ¿Cuándo les darás de comer?

¡Recuerda!
En inglés, generalmente
el sujeto sigue al verbo.

◆ **Identifica el sujeto en oraciones que empiezan con *here* o *there***

→ **Concepto clave**

En las oraciones con *there* o *here*, el sujeto generalmente sigue al verbo.

Practica ✍

1. *Primero en español*

En las siguientes oraciones subraya el sujeto. Indica el tipo de oración: declarativa, interrogativa, imperativa.

a. ¿Andan los leones en el parque? __________

b. No toques la melena. __________

c. Hay tres gatos dormidos en mi cama. __________

d. Tomasín, ¿me puedes ayudar con los jaguares? __________

e. El león pasó por aquí. __________

2. *Ahora en inglés*

En las siguientes oraciones subraya el sujeto. Indica el tipo de oración: *declarative, interrogative, imperative.*

a. Did the cat eat the canary and the parakeet? __________

b. There are two cheetahs over there. __________

c. Where is the big cat exhibit? __________

d. Don't walk near their cages. __________

e. What do house cats do during the day? __________

Aplica ✍

3. *Escribe una pregunta, un mandato y una oración con *here* o *there*.*

____

____

____

19.5 Complementos

Aprendiste en la sección 19.1 que una oración consiste en un sujeto y un verbo y que tiene sentido por sí sola. A veces, no basta con sólo tener un sujeto y un verbo, y se necesitan otras palabras para completar el significado de la oración.

→ **Concepto clave**

Un **complemento** es una palabra o grupo de palabras que completan el significado de una oración.

◆ Identifica el complemento directo

➜ Concepto clave

El **complemento directo** es un sustantivo o pronombre que recibe la acción del verbo.

Para encontrar el objeto directo, pregunta *what* o *whom* (¿qué? o ¿quién?) después del verbo.

The dog chased a car.	El perro persiguió <u>un auto</u>.
Chased what?	¿Qué persiguió?

◆ El complemento directo en las preguntas

➜ Concepto clave

En las preguntas, a veces el complemento directo se encuentra delante del verbo.

<u>*What*</u> *does the cat eat?*	<u>Qué</u> come el gato?

◆ Identifica los complementos indirectos

Las oraciones con complementos directos pueden tener también otro tipo de complemento, llamado el complemento indirecto.

➜ Concepto clave

El **complemento indirecto** es un sustantivo o pronombre que sigue al verbo antes del complemento directo.

Para identificarlo, se pregunta *To or for whom?* o *To or for what?* (¿a quién? o ¿para quién?, ¿a qué? o ¿para qué?).

Mary gave the cat some food.	María le dio comida <u>al gato</u>.

◆ Identifica el complemento del sujeto

Los complementos que siguen al verbo de enlace se llaman complementos del sujeto.

➜ Concepto clave

El **complemento del sujeto** es un sustantivo, pronombre o adjetivo que sigue al verbo de enlace.

Predicado nominal

El **predicado nominal** sigue al verbo e identifica al sujeto.

A lizard is a <u>reptile</u>.	El lagarto es un <u>reptil</u>.
The leader will be <u>he</u>.	El líder será <u>él</u>.

Predicado adjetivo

El **predicado adjetivo** sigue al verbo de enlace y describe al sujeto de la frase y no al predicado.

His dragon stories are <u>fabulous</u>.	Sus cuentos de dragones son <u>fabulosos</u>.

→ Concepto clave

Al igual que las otras partes de la oración, los complementos del
sujeto pueden ser compuestos.

EJEMPLOS

His dragon stories are <u>fabulous and fantastic</u>.
Sus cuentos de dragones son <u>fabulosos y fantásticos.</u>

Practica ✍

1. *Primero en español*

Completa la oración con un objeto directo.

a. Las culebras comen _______________.

b. Las tortugas ven _______________.

c. Nosotros visitamos _______________.

d. Los chicos no vieron al _______________.

e. La serpiente más grande cazó _______________.

2. *Ahora en inglés*

A. Completa la oración con un objeto directo.

a. I wonder if they will eat _______________.

b. Why do you like _______________?

c. We don't like snakes, but we like _______________.

d. Why would a snake bite _______________?

e. I haven't seen _______________.

B. Pon las oraciones siguientes en orden correcto para formar oraciones con complementos
indirectos o del sujeto.

a. the / was / strange /appealing / yet / the / of / charmer / snake / music /

____

b. there / over / those / are / dragons / Komodo / creatures

____

c. rattlesnake / scary / all / threatening / and / to / the / the / of / sound / is

____

Aplica ✍

3. *Escribe un párrafo acerca de un reptil. Usa oraciones completas.*

____

____

____

CAPÍTULO 20

Frases y cláusulas

20.1 Frases

→ Concepto clave

Una **frase** es un grupo de palabras que no tiene sujeto o verbo.

◆ Identifica las frases preposicionales

Las frases preposicionales tienen un mínimo de dos partes: una preposición y un sustantivo o pronombre que es el complemento de la preposición.

near the tree	cerca del árbol
by me	al lado de mí

¡Ojo!
La preposición *through* y el verbo *threw* se pronuncian de la misma manera.

Frases adjetivas

→ Concepto clave

La **frase adjetiva** es una frase preposicional que modifica al sustantivo o pronombre.

A storm with strong winds destroyed the town.
Una tormenta con vientos fuertes destruyó al pueblo.

Frases adverbiales

→ Concepto clave

La **frase adverbial** es una frase preposicional que modifica al verbo, al adjetivo o al adverbio.

The drops fell from the sky.
Cayeron las gotas desde el cielo.

◆ Identifica las frases verbales

Para aprender acerca de los dos próximos tipos de frases, debes comprender el concepto de verboides. Un **verboide** es un verbo usado no como verbo sino como otra parte de la oración. Dos tipos de verboides son los participios y los infinitivos.

¡Compara!

Tanto en inglés como en español, existen formas no personales de los verbos llamadas verboides. El participio pasado se emplea en ambos idiomas para formar los tiempos compuestos y adjetivos. El participio presente del inglés equivale al gerundio español: *I am eating*, estoy comiendo. El gerundio del inglés equivale a un sustantivo y se traduce al español como un infinitivo: *I like running*, me gusta correr.

Los participios

➜ Concepto clave

Un **participio** es una forma de verbo usada como adjetivo.

Son de dos categorías: los participios presentes (terminan en *-ing*) y los participios pasados (terminan en *-ed*).

The crying baby was hungry.
El bebé que lloraba tenía hambre.

Cooked food should be eaten warm.
La comida cocinada debe comerse caliente.

Las frases con participios

Se puede ampliar el participio al agregar algún complemento o modificador.

➜ Concepto clave

Una **frase con participio** consiste en los participios presente o pasado y sus modificadores. La frase entera funciona como adjetivo.

Speaking slowly, the teacher gave us instructions.
Hablando lentamente, el instructor nos dio indicaciones.

El infinitivo y las frases con infinitivo

➜ Concepto clave

Un **infinitivo** es un verbo que puede ser usado como sustantivo, adjetivo o adverbio. Una **frase con infinitivo** es una forma verbal usada como sustantivo (sujeto, objeto, locución apositiva, adjetivo o adverbio).

En inglés, normalmente aparece la palabra *to* delante del verbo.

It is important to finish the assignment.
Es importante terminar la tarca.

◆ Identifica las locuciones apositivas en las frases

➜ Concepto clave

Una **aposición** es un sustantivo o un pronombre que identifica o explica al sustantivo precedente.

His painting Guernica impressed me.
Su cuadro Guernica me impresionó.

➜ Concepto clave

Una **frase apositiva** es un sustantivo o un pronombre, con un modificador, que identifica o explica al sustantivo precedente.

Picasso, a Spanish painter, created Guernica.
Picasso, un pintor español, creó Guernica.

¡Ojo!
La terminación *-ing* puede ser de participio presente o gerundio.

Practica ✍

1. *Primero en español*

Selecciona la respuesta que mejor complete la oración.

En un instante   desde el otoño   haciendo ejercicios
Jugando   en septiembre de 1900   a las diez en punto

a. _______________ con sus primos, ella inventó un nuevo juego de niños.

b. El instructor de baile, _______________ de calentamiento, se torció el tobillo.

c. En esta zona de sequía, no ha llovido _______________.

d. Empezó el desfile _______________, como lo habían anunciado.

e. _______________, llegó el huracán a Galveston _______________.

2. *Ahora en inglés*

Selecciona la respuesta que mejor complete la oración.

in the front yard   with my teacher   doing his math
Running   in August of 1982   at midnight

a. Someone should really water the flowers _______________.

b. My parents got married _______________.

c. _______________ downhill, Jill fell down.

d. Chris spent all night _______________.

e. I'd like to go over my English homework _______________.

f. Will we really turn into pumpkins _______________?

20.2 *Cláusulas*

Hay dos categorías de cláusulas: las independientes y las subordinadas.

➔ Concepto clave

La **cláusula independiente** lleva un sujeto y un verbo. Tiene sentido completo en sí.

➔ Concepto clave

La **cláusula subordinada** (cláusula dependiente) tiene un sujeto y un verbo pero no tiene sentido completo en sí. Sólo es parte de una oración.

CLÁUSULA INDEPENDIENTE
She studied music.
Ella estudió música.

CLÁUSULA SUBORDINADA
Before she began playing the piano
Antes de empezar a tocar el violín

> **¿Sabías que...**
> las cláusulas subordinadas pueden funcionar como un adjetivo o un adverbio?

◆ Cláusula adjetiva

→ Concepto clave

Una **cláusula adjetiva** es una cláusula subordinada que modifica al sustantivo o al pronombre.

Identifica las cláusulas adjetivas Normalmente las cláusulas adjetivas empiezan con *that, which, who, whom* o *whose*.

◆ Cláusula adverbial

→ Concepto clave

Una **cláusula adverbial** es una cláusula subordinada que modifica al verbo, al adjetivo o al adverbio. Contestan a las preguntas *where?, when? in what way? to what extent?, under what conditions?* o *why?* (¿dónde?, ¿cuándo?, ¿de qué manera?, ¿bajo qué condiciones?, ¿hasta qué punto? ¿por qué?).

> En tu libro de texto en inglés aparecen ejemplos de las conjunciones subordinadas más comunes.

◆ Clasifica las oraciones por su estructura

- La **oración simple** es la categoría más frecuente de oración. Consiste en una cláusula independiente.
- La **oración compuesta** consiste en dos o más cláusulas independientes.
- La **oración compleja** consiste en una cláusula independiente (cláusula central) y una o más cláusulas subordinadas.

¡Recuerda!
Puedes combinar dos oraciones sencillas en una oración compuesta.

SENCILLA
There is a festival on August 30.
Hay un festival el 30 de agosto.

COMPUESTA
There is a festival on August 30 and there is also a concert.
Hay un festival el 30 de agosto y también hay un concierto.

COMPLEJA
Because there is a festival on August 30, we will go to the concert so that we can be at two celebrations on the same day.
Como hay un festival el 30 de agosto, vamos al concierto a fin de que podamos participar en dos celebraciones el mismo día.

Practica ✍

1. *Primero en español*

Indica la categoría que corresponda a la cláusula subrayada. Puede haber más de un respuesta para cada categoría.

independiente	subordinada	adjetiva	adverbial
sencilla	compuesta	compleja	

a. El candidato <u>que ganó</u> me habló por teléfono. ____________

b. <u>Nos gustó el programa</u>. ____________

c. <u>Diana es encantadora y es buena gente</u>. ____________

d. Mi viaje a Nueva York, <u>que ocurrió en noviembre</u>, fue un éxito total. ____________

e. Carolina trabaja en la tienda <u>porque necesita dinero</u>. ____________

2. *Ahora en inglés*

Indica la categoría que corresponda a la cláusula subrayada. Puede haber más de una respuesta para cada categoría.

independent	subordinate	adjective	adverb
simple	compound	complex	

a. The person <u>whom the teacher saw</u> turned out to be my uncle. ____________

b. I need a friend <u>who can talk to me</u> when I have a problem. ____________

c. This is the spot <u>where we stopped to rest</u>. ____________

d. As the plane was taking off, <u>*we arrived at the airport*</u>. ____________

e. <u>Stefanie writes reports and then edits them for correctness</u>. ____________

Aplica ✍

3. *Escribe un párrafo acerca de un festival al que hayas asistido. Procura emplear distintos tipos de oraciones.*

____

____

____

CAPÍTULO 21

Oraciones efectivas

En este capítulo aprenderás a combinar las oraciones y a variar su estilo.

21.1 Las cuatro funciones de la oración

Las cuatro categorías de oraciones son las declarativas, las interrogativas, las imperativas y las exclamativas. Cada una tiene un propósito diferente.

➜ Concepto clave

Una **oración declarativa** indica una idea y termina con el punto (.).

Soccer is a sport.
El fútbol es un deporte.

➜ Concepto clave

Una **oración interrogativa** hace una pregunta y termina con un signo de interrogación (?).

When is the next game?
¿Cuándo será el próximo partido?

➜ Concepto clave

Una **oración imperativa** indica un mandato y termina con un punto o con un signo de exclamación.

Follow my instructions.
Sigan mis instrucciones.

➜ Concepto clave

Una **oración exclamativa** comunica una emoción fuerte y termina con el signo de exclamación.

Get off the tennis court!
¡Salgan de la cancha de tenis!

¡*Compara!*

Tanto en inglés como en español, al final de las oraciones interrogativas y exclamativas se escriben los signos de interrogación y de exclamación. Sin embargo, en español también se escriben al principio de la oración: [¿], [¡].

¡Recuerda!
Cuando el punto termina la oración imperativa, indica un tono normal de voz.

21.2 Combinación de oraciones

Los libros escritos para niños presentan la información en oraciones cortas y directas. Este estilo no les es interesante los lectores mayores. Una manera de variar el estilo es combinar las oraciones.

ORACIONES CORTAS

We went to the zoo.	Fuimos al zoológico.
We saw monkeys.	Vimos a los monos.

ORACIONES COMBINADAS

We went to the zoo and we saw monkeys.
Fuimos al zoológico y vimos a los monos.

When we went to the zoo, we saw monkeys.
Cuando fuimos al zoológico, vimos a los monos.

→ Concepto clave

Se pueden combinar las oraciones al usar un sujeto compuesto, un verbo compuesto o un objeto compuesto. También se pueden combinar las oraciones al cambiar una de las oraciones a la proposición subordinada.

→ Concepto clave

Las oraciones se pueden combinar al cambiar una de ellas a una frase.

21.3 Oraciones variadas

Se puede crear cierto ritmo al variar el número de palabras y la forma de las oraciones. Puedes empezar la oración con:

- un sustantivo
- un adverbio
- un infinitivo
- un gerundio

Practica

1. Primero en español

Combina las siguientes oraciones usando la puntuación y las conjunciones necesarias.

a. Llegó el portero. No pudieron marcar un gol.

b. El tenista es astuto. El tenista es uruguayo.

c. ¿Vieron el globo? ¿El globo era nuevo?

d. Fuimos al parque de atracciones. Nos subimos a la montaña rusa.

e. ¡Ustedes tienen que correr! ¡Hay una serpiente en el campo!

2. *Ahora en inglés*

Combina las oraciones siguientes usando la puntuación y las conjunciones sugeridas.

a. [even though] Larry asked a question. The coach couldn't answer it.

____

b. [where] We visited the house. Babe Zaharias had lived there.

____

c. [that] Did you see the exam schedule? It is on the bulletin board.

____

d. [if] The play is easy to make. Just follow the plan.

____

e. [who] Several parents came to the game. They are supportive parents. They cheered for the athletes.

____

Aplica ✍

3. *Ahora escribe tres pares de oraciones. Luego combínalas. Usa la puntuación necesaria.*

a. _______________________________________

____

b. _______________________________________

____

c. _______________________________________

____

21.4 Cómo evitar problemas en las oraciones

◆ Corrige los fragmentos de oración

→ Concepto clave

Un **fragmento** es un grupo de palabras que no expresa un pensamiento completo.

Se puede corregir un fragmento al agregarlo a otra frase. A veces agregas un sujeto o un verbo para completar el sentido.

¡Ojo!
No lleva mayúscula el fragmento o la cláusula subordinada.

FRAGMENTOS	ORACIONES COMPLETAS
At dawn.	*We worked at dawn.*
Por la madrugada	Trabajamos por la madrugada.
When you see me	*When you see me, shout.*
Cuando me veas	Cuando me veas, grita.

◆ Oraciones superpuestas

→ Concepto clave

Una **oración superpuesta** es un grupo de dos o más oraciones que no están separadas o unidas correctamente.

Para corregir la oración superpuesta, usa el punto, el punto y coma, el signo de interrogación, el punto de exclamación o una conjunción coordinada.

ORACIÓN SUPERPUESTA

I want to visit Paris, I need more money
Quiero visitar París, necesito más dinero.

ORACIÓN CORREGIDA

I want to visit Paris <u>but</u> I need more money.
Quiero visitar París, <u>pero</u> necesito más dinero.

◆ Corrige los modificadores mal colocados

→ Concepto clave

Si la frase o cláusula no está cerca de la palabra que modifica, el significado puede no estar claro.

INCORRECTO

The boat was floating on the lake with a big sail.
El barco estaba flotando en el lago con la gran vela.

CORRECTO

The boat with a big sail was floating on the lake.
El barco con la gran vela estaba flotando en el lago.

◆ Evita el doble negativo

→ Concepto clave

No escribas oraciones con dobles negativos.

She didn't go nowhere.
That doesn't belong to nobody.
He never didn't say that they didn't not participate.

◆ Evita problemas comunes

Esta sección presenta 10 problemas comunes con la gramática
inglesa. Es posible que tengas también los mismos problemas
con el uso del inglés.

> En tu libro de texto en inglés aparece la lista completa de los
> problemas de gramática.

(1) *accept* (acepto) / *except* (excepto)

Accept se refiere a tomar lo que se da.
Except se refiere "a menos que".

(2) *affect* (verbo: influenciar) / *effect* (sustantivo: resultado)

(3) *at* (a, en) no se debe usar después de '*where*'.

Where are you? y no *Where are you at?*

(4) *beside* (al lado de) / *besides* (además)

(5) *farther* (más adelante en el espacio) / *further*
(adicionalmente)

(6) *like* ('como' ante un complemento) / *as* ('como' ante una
cláusula)

(7) *that / which / who / whom* (que/quien)

Las palabras *that* y *which* sólo se refieren a cosas.
Las palabras *who* y *whom* se refieren a personas.
Who es un pronombre sujeto; *whom* es un pronombre
complemento.

(8) *their* (su) / *there* (allí) / *they're* (son)

Todos tienen la misma pronunciación.

(9) *to* (hacia, a) / *too* (también) / *two* (dos)

Todos tienen la misma pronunciación.

(10) *when* (cuándo) / *where* (dónde) / *why* (por qué)

No se deben usar directamente después del verbo *to be*.

Practica ✍

1. *Primero en español*

A. Identifica lo siguiente como fragmento u oración.

_____________ **a.** Aunque no pudiera ir Helena, ...

_____________ **b.** Nos llevamos bien.

_____________ **c.** El sábado por la noche

_____________ **d.** Mi amigo Terencio

_____________ **e.** El Cairo es una ciudad impresionante.

B. Ahora cambia los fragmentos de la primera sección para que sean oraciones completas.

a. ____

b. ____

c. ____

C. Corrige las oraciones superpuestas

a. Eran las dos de la madrugada llegamos a casa

b. Los peregrinos esperaban festejar comieron mucho ese día

c. Necesitaba ese libro de la biblioteca la biblioteca se ubica lejos de mi casa

2. *Ahora en inglés*

A. Identifica lo siguiente como *fragment* o *sentence.*

_____________ **a.** Riding on the Orient Express.

_____________ **b.** The boy wearing the green shirt.

_____________ **c.** Who won?

_____________ **d.** Dan and Mike hope to return.

_____________ **e.** Missing my bike.

B. Ahora cambia los fragmentos de la primera sección para que sean oraciones completas.

a. ____

b. ____

c. ____

C. Corrige las oraciones superpuestas

a. Senator Gail was the graduation speaker he talked about responsibility.

b. I was born in Salem, Massachusetts it is a famous town.

c. Judy lost her temper she was often mad at other students.

Aplica ✍

3. *Escribe un párrafo acerca de tu celebración favorita. Usa distintos tipos de oraciones.*

____

____

____

CAPÍTULO 22

El uso de los verbos

22.1 *Las cuatro partes principales de los verbos*

Con los verbos se puede expresar el tiempo de diversas formas: en presente, pasado o futuro. Como son todas manifestaciones de tiempo, a esas formas se las llama tiempos verbales. Para usar correctamente los tiempos verbales, debes conocer las partes principales del verbo.

➜ Concepto clave

Un verbo tiene cuatro **partes principales**: el presente, el participio presente, el pasado y el participio pasado.

Walk	Caminar

PRESENTE
walk	camino

PARTICIPIO PRESENTE
(am) walking	(estoy) caminando

PASADO
walked	caminé

PARTICIPIO PASADO
(have) walked	(he) caminado

◆ Verbos regulares

En un verbo regular el pasado y el participio pasado se forman de acuerdo a un patrón determinado.

➜ Concepto clave

En un **verbo regular** el pasado y el participio pasado se forman agregando la terminación *–ed* o *–d* al presente.

PRESENTE
talk	hablar

PARTICIPIO PRESENTE
(am) talking	(estoy) hablando

PASADO
talked	hablé

PARTICIPIO PASADO
(have) talked	(he) hablado

¡Compara!

En inglés el infinitivo del verbo es la forma básica del verbo con
to: *to walk*. En español, la forma básica es el infinitivo (la forma
que termina en *–ar, -er, –ir*).

Practica

1. *Primero en español*

El verbo de las siguientes oraciones está subrayado. Escribe al lado de cada oración qué parte
del verbo es: P (presente), PA (pasado) o PPA (participio pasado).

a. El colibrí <u>consume</u> insectos y néctar. ___________

b. <u>Volaron</u> junto a las flores para alimentarse. ___________

c. Cuando se han <u>alimentado</u> de una flor van a otra. ___________

d. Nunca había <u>visto</u> tantas aves. ___________

e. <u>Quiero</u> ver más. ___________

2. *Ahora en inglés*

Al lado de cada oración escribe la forma correcta del verbo que se encuentra entre paréntesis.

a. Yesterday I (see) some hummingbirds. ___________

b. I am (plan) to see more today. ___________

c. When I was little I (see) in my backyard. ___________

d. We have (be) outside the whole afternoon. ___________

e. Now we (have) to go home. ___________

◆ Verbos irregulares

Muchos verbos de uso común son irregulares.

→ Concepto clave

En un **verbo irregular** el pasado y el participio pasado no se
forman agregando la terminación *–ed* o *–d* al presente.

**VERBOS IRREGULARES CON EL MISMO PASADO Y
PARTICIPIO PASADO**

PRESENTE
buy   comprar

PARTICIPIO PRESENTE
(am) buying   (estoy) comprando

PASADO
bought   compré

PARTICIPIO PASADO
(have) bought   (he) comprado

VERBOS IRREGULARES CON EL MISMO PRESENTE, PASADO Y PARTICIPIO PASADO

PRESENTE
put   poner

PARTICIPIO PRESENTE
(am) putting   (estoy) poniendo

PASADO
put   puse

PARTICIPIO PASADO
(have) put   (he) puesto

VERBOS IRREGULARES CON OTROS CAMBIOS

PRESENTE
go   ir

PARTICIPIO PRESENTE
(am) going   (estoy) yendo

PASADO
went   fui

PARTICIPIO PASADO
(have) gone   (he) ido

> **¡Recuerda!**
> Es necesario memorizar las partes principales de los verbos irregulares, ya que no siguen ninguna regla. La mejor forma de aprenderlos es mediante el uso.

> En tu libro de texto en inglés aparece tres tablas con verbos irregulares.

¡Compara!

Hay verbos irregulares en español y en inglés.

to be   ser
to do   hacer
to go   ir
to have   tener

Practica ✍

1. Subraya los verbos de las siguientes oraciones. Indica si se trata de un verbo regular (R) o de un verbo irregular (I).

a. We have enjoyed many birdwatching trips. ____________

b. We have seen many outstanding birds. ____________

c. Have you ever heard a mockingbird? ____________

d. I saw one flying the other day. ____________

e. Some birds live near the sea. ____________

Aplica ✍

2. Escribe un párrafo descriptivo acerca de un ave. Trata de usar las cuatro partes principales de los verbos en tus oraciones. Incluye verbos regulares e irregulares.

____

____

____

22.2 *Tiempos verbales*

En inglés hay seis tiempos verbales básicos. Cada tiempo tiene
una forma básica y una forma durativa.

➜ Concepto clave

Un **tiempo verbal** indica cuándo tiene lugar la acción o el estado.

> En tu libro de texto en inglés aparece una tabla con los seis
> tiempos básicos del verbo *begin*.

◆ La conjugación de los tiempos básicos

➜ Concepto clave

Una **conjugación** es una lista de las formas en singular y plural
de un verbo en un determinado tiempo.

> En tu libro de texto en inglés aparece una tabla con la
> conjugación del verbo *hide*.

◆ Las seis formas durativas de los verbos

Cada uno de los seis tiempos tiene también una forma
progresiva o durativa que indica una acción continua. En inglés
se emplea el participio presente y una forma del verbo *be* para
formar las seis formas progresivas.

> En tu libro de texto en inglés aparece una tabla con las seis
> formas durativas del verbo *sing*.

¡Ojo!
En español la forma
durativa se expresa con
el gerundio.

¿Sabías que...
en inglés en la tercera
persona del singular se
agrega una *s* o una *–es*
al verbo?

¡Compara!

En español el futuro es un tiempo simple, en el que no se usa
un verbo auxiliar. En inglés para formar el futuro se debe usar
el verbo auxiliar *will*: *I will go*, Yo iré.

Practica ✍

1. *Escribe la forma durativa del verbo entre paréntesis.*

a. I studied. _____________

b. We saw. _____________

c. She had heard. _____________

d. You have made. _____________

e. We will participate. _____________

2. *Escribe una descripción de un paseo al zoológico. Describe lo que estaban haciendo los animales.*

22.3 *Dificultades de los verbos*

- ***ain't*** es incorrecto. Debe usarse *isn't*.
- ***did*** (hice, hiciste, hizo, etc.) y ***done*** (hecho) son ambos formas del verbo *do* (hacer). *Did* es el pasado de *do*. *Did* se usa para acciones que comenzaron y terminaron en el pasado.

We did the assignment without any help.
Hicimos la tarea sin ayuda.

   Done es el participio pasado de *do*. *Done* se usa siempre con un verbo auxiliar como *have* o *has*.

We have done our work.
Hemos hecho nuestro trabajo.

- ***have, of***: estas palabras suenan igual cuando se habla. Hay que tener cuidado al emplear *have* con los verbos compuestos.

He should have apologized.   Debió haberse disculpado.

- ***lay, lie***: *Lay* significa poner, dejar o colocar algo. Generalmente lleva un complemento directo.

I have laid my glasses on the desk.
He puesto mis gafas sobre el escritorio.

   Lie significa echarse, acostarse o tenderse. Además puede querer decir estar situado. *Lie* nunca lleva un objeto directo.

I lay down on the raft and fell asleep.
Me tendí en la balsa y me quedé dormido.

- ***raise, rise***: son también verbos distintos. *Raise* significa construir o criar.

Raise the flag.   Iza la bandera.

   Rise, elevarse, incrementar, es un verbo intransitivo. Sus partes principales son *rise, rising, rose* y *risen*.

The moon will rise at 8:00 P.M.
La luna saldrá a las ocho de la noche.

- ***saw, seen***: son formas del verbo *see* (ver). La forma *seen* se emplea siempre con un verbo auxiliar.

We have seen important changes.
Hemos visto cambios importantes.

- ***set, sit***: Estos verbos a menudo se confunden.

> **¿Sabías que...**
> es incorrecto usar *done* en una oración sin un verbo auxiliar? Para corregir este error puedes usar *did* en lugar de *done* o agregar un verbo auxiliar.

> **¡Atención!**
> En inglés *lay* y *lie* se confunden frecuentemente. Eso se debe a que el pasado de *lie* es *lay*.

Set es poner, colocar.

Please set the table.   Pon la mesa, por favor.

   Sit es sentarse, descansar. Es un verbo intransitivo.

Please sit at the table.   Pasa a la mesa a sentarte, por favor.

¡Compara!

En inglés *do* es un verbo irregular. También su equivalente español, "hacer", es irregular.

¡Atención!

En inglés *set* y *sit* se pueden confundir fácilmente. La diferencia fundamental es que *sit* no lleva objeto directo sino que está seguido generalmente por un adverbio o una frase preposicional.

Practica

1. *Lee las oraciones siguientes. Indica con una C si el verbo está correctamente usado y con una I si está usado en forma incorrecta.*

a. Mary has did other projects before this one. __________

b. You have done a kind act. __________

c. Yesterday, I lay some carpet in my bedroom. __________

d. Matt lay on the grass, looking up at the clouds. __________

e. The teacher sat her briefcase down. __________

f. We have sat here all morning. __________

2. *Lee las oraciones siguientes. Haz un círculo alrededor del verbo entre paréntesis que la complete correctamente.*

a. We (done, did) a good day's work.

b. My mother has already (done, did) the decorations.

c. The house (lays, lies) west of the hills.

d. We have (laid, lain) out the pictures we like best.

e. I (set, sat) in the shade beside the lake.

f. Our teacher clearly (set, sat) the rules for the test.

Aplica

3. *Imagina que has participado en un episodio histórico. Escribe una descripción breve de tus sentimientos. Trata de usar algunos de los verbos que has estudiado en esta sección.*

____

____

____

CAPÍTULO 23

El uso de los pronombres

◆ Los casos de los pronombres

➜ Concepto clave

Los pronombres tienen tres casos: el nominativo, el objetivo y el posesivo.

◆ Usos del caso nominativo

➜ Concepto clave

En inglés los pronombres del nominativo se usan como pronombres sujeto (*I, you, he, she, it, they*).

<u>We</u> *went to the baseball game.*
Fuimos al juego de béisbol.

➜ Concepto clave

Los pronombres nominativos se usan también como sustantivo del predicado.

It is <u>she</u>.
Es ella.

¿Sabías que...
el inglés escrito varía del inglés hablado? Es normal oír *It's me!* o *It's her* en vez de la expresión gramatical *It is I* o *It is she*.

◆ Usos del caso objetivo

➜ Concepto clave

Los pronombres del caso objetivo son los pronombres de objeto directo, indirecto o de la preposición (*me, you, him, her, it, them*).

OBJETO DIRECTO
He asked <u>me</u> to go with him.
Me pidió a mí que fuera con él.

OBJETO INDIRECTO
Sally told <u>her</u> a secret.
Ella le contó un secreto a Sally.

OBJETO DE LA PREPOSICIÓN
Did Bob talk to <u>him</u>?
¿Le habló Bob a él?

◆ Usos del caso posesivo

→ Concepto clave

Los pronombres del caso posesivo se usan para indicar posesión.
Antes de un sustantivo son *my, your, his, her, its, our, their*. Como
complemento de la preposición o sin sustantivo se usan *mine,
yours, his, hers, ours, theirs*.

ANTES DE UN SUSTANTIVO
Is that <u>their</u> bat?
¿Es ése su bate?

SIN SUSTANTIVO
Is that <u>theirs</u>?
¿Es eso suyo?

Aplica

1. *Primero en español*

Completa las oraciones con la forma del pronombre que mejor convenga.

a. Por la mañana ____________ levanto a las cinco.

b. ¿Un amigo ____________ te lo dijo?

c. ¡Mamá! ¡Soy ____________!

d. Él estaba hablando con unos parientes ____________.

e. ¿____________ dijiste la verdad a Ricardo?

f. ¿____________ tiene una clase ahora, doctora?

2. *Ahora en inglés*

A. Subraya el pronombre personal en cada oración. Luego pon un círculo alrededor de su antecedente.

  a. Hilda, are you going to the party?

  b. When Paul arrived, everyone got into his car.

  c. Vivian said that she would be absent today.

  d. Joel, please take the toys with you.

  e. When Mozart was young, he wrote beautiful music.

  f. Tony took his books with him.

  g. With their suitcases packed, the Joads left town.

B. Llena los espacios con el pronombre apropiado.

  a. Emily Dickinson lived most of ____________ life in Amherst, Massachusetts.

  b. Cassie, would ____________ please give me a hand?

  c. All of her friends sent her ____________ best wishes.

  d. With ____________ motor running, the Brady's car sounded loud.

  e. Tom Sawyer didn't do ____________ own work.

  f. In ____________ town, we have several famous baseball players.

  g. I have mine and they have ____________.

3. _Subraya el pronombre personal correcto en cada una de las siguientes oraciones._

a. Mary always forgets which position is (her's, hers)

b. (It's, Its) fair to catch the ball after Albert hits it.

c. The field is (their's, theirs) to play until they get three outs.

d. I always forget which glove is (yours, your's).

Aplica ✍

4. _Escribe tres oraciones según las sugerencias de abajo._

a. nominativo singular ____

b. objetivo plural ____

c. posesivo singular ____

24.1 *Concordancia entre el sujeto y el verbo*

→ Concepto clave

El verbo debe concordar en número con su sujeto.

Un sujeto puede ser singular o plural. Un sujeto singular se refiere a una sola persona, lugar o cosa. Un sujeto plural se refiere a dos o más.

¡Atención!
En inglés, sólo los sustantivos, los pronombres y los verbos tienen número.

◆ Identifica el número de los sustantivos y pronombres

Para formar el plural a la mayoría de los sustantivos singulares se les agrega *-s* o *-es*.

friend, friends	amigos
box, boxes	cajas

> En tu libro de texto en inglés aparece una tabla con sustantivos en singular y plural.

◆ Identifica el número de los verbos

En inglés los verbos en presente tienen un singular y un plural. La tercera persona del singular termina en *s*.

¡Atención!
El verbo *be* tiene más formas que los demás verbos: *I am; he is/was, we are/were.*

> En tu libro de texto en inglés aparece una tabla con verbos en el singular y plural del presente.

◆ Concordancia de sujetos y verbos en singular y plural

→ Concepto clave

Usa un sujeto singular con un verbo en singular. Usa un sujeto plural con un verbo plural.

Marcia was here.	Marcia estuvo aquí.
They were here.	Ellas estuvieron aquí.

→ Concepto clave

Una frase preposicional entre el sujeto y el verbo no afecta la concordancia entre verbo y sujeto.

The <u>cheers</u> of the crowd <u>were heard</u> several blocks away.
<u>Se escuchaban</u> <u>los gritos</u> de la muchedumbre a varias cuadras de distancia.

¡Compara!

En inglés el verbo debe concordar con el sujeto en número
excepto en el presente y con el verbo *be* (ser, estar). En español
el verbo debe concordar con el sujeto en número y persona, ya
que el verbo varía según la persona de que se trate. En inglés los
verbos tienen en general cuatro o cinco formas. En español
tienen más de cincuenta.

Practica ✍

1. *Primero en español*

Lee las siguientes oraciones. Escoge la forma que corresponda del verbo entre paréntesis para
que concuerde con el sujeto.

a. Nosotros (van, vamos) a ver el desfile. ___________

b. Éste (eres, es) el mejor desfile del año. ___________

c. Los turistas (puede, pueden) verlo desde la terraza. ___________

d. Nosotros (estamos, está) en el monumento a Colón. ___________

e. Colón (llegó, llegaron) a América en 1492. ___________

2. *Ahora en inglés*

Corrige la palabra subrayada de cada oración para que el sujeto y el verbo concuerden.

a. We <u>sees</u> the parade. ___________

b. The monuments <u>are</u> surrounded by flags. ___________

c. Tourists <u>is</u> everywhere throughout the city. ___________

d. I also <u>wants</u> to see the floats. ___________

e. My <u>friend</u> are coming with me. ___________

f. They always <u>has</u> a good time during the holidays. ___________

◆ Sujetos y verbos compuestos

→ Concepto clave

Dos o más sujetos singulares ligados por *or* o *nor* deben tener un
verbo singular. Dos o más sujetos plurales ligados por *or* o *nor*
deben tener un verbo plural.

Un sujeto compuesto incluye dos o más sujetos que comparten
el mismo verbo. Los sujetos compuestos están unidos por
conjunciones como *and* (y), *or* (o) o *nor* (ni).

Either the turkey or the stuffing <u>is</u> cooking.
El pavo o el relleno se <u>está</u> cocinando.

→ Concepto clave

Si un sujeto compuesto está formado por un sujeto en singular y
otro en plural, y están unidos por *or* (o) o *nor* (ni), el verbo
concuerda con el sujeto más cercano.

Neither the lights nor the wreath <u>is</u> in the box.
Ni las luces ni la guirnalda <u>están</u> en la caja.

➜ Concepto clave

Un sujeto compuesto unido por *and* normalmente es plural y
debe tener un verbo en plural.

The boy and girl <u>are</u> waiting for the parade.
El niño y la niña <u>están</u> esperando el desfile.

◆ Confirma la concordancia en otras oraciones

En inglés, en general, el sujeto aparece antes del verbo. Sin
embargo, algunas veces el orden se invierte. En otras oraciones,
el sujeto aparece entre el verbo auxiliar y el verbo principal.

➜ Concepto clave

El verbo y el sujeto deben concordar aunque el sujeto siga al
verbo.

Where are <u>the keys</u> to the house?
¿Dónde están <u>las llaves</u> de la casa?

◆ El verbo y los pronombres indefinidos

Algunos pronombres indefinidos están siempre en singular:
anyone (alguien), *anything* (cualquier cosa), *nobody* (nadie),
nothing (nada), el verbo va en singular. Algunos están siempre en
plural: *both, few, many, others* y *several.*

➜ Concepto clave

Muchos pronombres indefinidos pueden llevar un verbo en
singular o plural. El número depende del sentido que se le
quiera dar al pronombre.

Los pronombres indefinidos que pueden ser singulares o
plurales son: *all,* (todo), *any* (cualquiera), *most* (la mayoría), *some*
(algunos).

<u>Some</u> of the milk <u>is</u> frozen.	<u>Parte</u> de la leche <u>está</u> congelada.
<u>Some</u> of the cookies <u>are</u> frozen.	<u>Algunas</u> galletas <u>están</u> congeladas.

¡Compara!

Las reglas de concordancia entre sujeto y verbo son similares en
español y en inglés, pero hay una diferencia cuando se trata de
un sujeto compuesto.

En inglés si un sujeto compuesto está formado por un sujeto
en singular y otro en plural, y están unidos por *or* (o) o *nor* (ni) el
verbo concuerda con el sujeto más cercano.

En español cuando el sujeto es compuesto el verbo siempre va
en plural.

Neither my <u>sisters</u> nor my <u>brother has seen</u> the parade.
Ni mis <u>hermanas</u> ni mi <u>hermano han visto</u> el desfile.

¡Atención!
Cuando las partes de un
sujeto compuesto están
unidas por *and* (y), pero
se las considera como
una sola persona o
cosa, el verbo va en
singular.

Practica ✍

1. *Primero en español*

Escribe la forma correcta del verbo en presente.

a. Pocos (haber)___________ venido al desfile.

b. No todas las personas (celebrar) ___________ esta fecha.

c. A nosotros nos (gustar) ___________ celebrar las fiestas patrias.

d. El confeti y las serpentinas (estar) ___________ en la mesa.

e. Mi cumpleaños (ser) ___________ también este día.

2. *Subraya la forma correcta del verbo.*

a. She (enjoy/enjoys) the movie.

b. Marie and I (put/puts) up the tree.

c. The fish and the turtle (are/is) in the tank.

d. The songs by the group (sound/sounds) good.

e. The carton of Christmas decorations (are found/is found) in the cellar.

Aplica ✍

3. *Escribe una descripción de un desfile. Incluye en tu descripción sujetos compuestos y pronombres indefinidos.*

____

____

____

24.2 *Concordancia entre el pronombre y su antecedente*

Un **antecente** es la palabra a la que se refiere un pronombre. Un pronombre y su antecedente siempre deben concordar. Recuerda los siguientes conceptos:

→ Concepto clave

Un pronombre personal debe concordar en género, número y persona con su antecedente.

I told <u>David</u> to bring a bathing suit with <u>him</u>.
Le dije a <u>David</u> que <u>se</u> trajera el traje de baño.

→ Concepto clave

Si hay dos o más antecedentes en singular unidos por *or* (o) o *nor* (no) el pronombre debe ser singular.

Either <u>Becca</u> or <u>Megan</u> will take <u>her</u> backpack.
Ya sea <u>Becca</u> o <u>Megan</u> llevarán <u>su</u> mochila.

> **¡Atención!**
> Evita usar *you* como el sujeto indefinido "uno". *You* se refiere a "tú".

→ **Concepto clave**

Cuando se desconoce el género del antecedente, la concordancia
se hace de tres maneras diferentes:

(1) Usa *he* o *she*, *him* o *her*, *his* o *hers*.
(2) Escribe la oración para que el antecedente y el pronombre
estén en plural.
(3) Escribe la oración de nuevo para eliminar el pronombre.

Both the <u>doctor</u> and <u>her</u> assistant gave <u>their</u> opinions.
El <u>doctor</u> y su <u>asistente</u> dieron <u>sus</u> opiniones.

◆ Concordancia entre pronombres indefinidos y pronombres personales

Los pronombres indefinidos son palabras como *each, everybody,
either* o *one*.

→ **Concepto clave**

Usa el pronombre personal en singular cuando su antecedente
es un pronombre indefinido singular.

<u>Everyone</u> in the two groups expressed <u>his</u> or <u>her</u> opinion.
Todos en el grupo expresaron su opinión.

> En tu libro de texto en inglés aparece una tabla con el empleo
> del pronombre indefinido referido a un pronombre personal.

¡Compara!

En inglés un pronombre posesivo concuerda en número con su
antecedente. ¡En español la concordancia es doble! Un pronombre
posesivo debe concordar en persona con su antecedente y en
número y género con el sustantivo que modifica.

We brought <u>our</u> flag.   Trajimos <u>nuestra</u> bandera.
We brought <u>our</u> cameras.   Trajimos <u>nuestras</u> cámaras.

Practica

1. *Escribe al lado de cada oración el pronombre entre paréntesis que corresponda.*

a. Mike and Jerry are choosing (his, their) book. __________

b. Neither boy knows what (he, they) will read. __________

c. My cousin or my aunt will lend me (our, her) dictionary. __________

d. Mary and I wanted to go but (my, our) teacher asked us to wait. __________

e. Somebody forgot (his, their) textbook. __________

¡Recuerda!

En inglés es necesario
usar el pronombre
sujeto al comienzo de
una oración. En español
el pronombre sujeto se
suele omitir, ya que el
verbo indica de qué
persona se habla.

¡Atención!

Si el antecedente es un
pronombre indefinido en
singular, el pronombre
debe ser singular.

2. *Escribe los pronombres sujeto que correspondan el antecedente.*

a. several students __________

b. Dorothy __________

c. either Chris or Nick __________

d. both Joe and Angie __________

e. only one girl __________

f. Paul and Cassie __________

g. Dr. Marco Arenas __________

h. Jessica Fletcher __________

i. the actors __________

j. the children and I __________

Aplica ✍

3. *Escribe una descripción de tu ciudad. Usa por lo menos cinco pronombres diferentes. Traza flechas para unir los pronombres con sus antecedentes.*

____

____

____

25.1 *Comparación con adjetivos y adverbios*

Los adverbios modifican a los verbos, a los adjetivos o a otros adverbios.

→ Concepto clave

La mayoría de los adjetivos y adverbios tiene tres grados de comparación: el positivo, el comparativo y el superlativo.

El positivo se usa cuando no hay ninguna comparación. Es la forma de la palabra que está en el diccionario. El comparativo se usa cuando se comparan dos cosas o personas. El superlativo se usa cuando se comparan tres o más cosas o personas.

◆ Las formas comparativas y superlativas con palabras de una o dos sílabas

→ Concepto clave

Usa *-er* o *more* para formar el grado comparativo y *-est* o *most* para formar el grado superlativo de los modificadores de una o dos sílabas.

La forma más común de formar el comparativo es usar *-er*. El superlativo se forma con *-est*.

En tu libro de texto en inglés aparece una tabla con comparativos y superlativos formados con *–er* y *–est* y otra con *more* y *most*.

¡Compara!

En español se forma el comparativo con más. Se forma el superlativo con el más: *bigger*, más grande; *biggest*, el más grande.

◆ Las formas comparativas y superlativas con palabras de tres o más sílabas

→ Concepto clave

Cuando el adjetivo o adverbio tiene tres o más sílabas, el comparativo y el superlativo se forman con *more* y *most*.

¡Atención!
No se usa el *-er* ni *-est* con los modificadores de tres o más sílabas.

En tu libro de texto en inglés aparece una tabla con modificadores de tres o más sílabas.

◆ Los adjetivos y adverbios irregulares

Algunos adjetivos y adverbios son irregulares: *good/well*, *better*, *best* (bueno/bien, mejor, el mejor).

→ Concepto clave

Hay que memorizar las formas irregulares comparativas y superlativas.

> En tu libro de texto en inglés aparece una tabla con los adjetivos y adverbios irregulares.

◆ Empleo del grado comparativo y superlativo

→ Concepto clave

Usa el grado **comparativo** para comparar dos personas, lugares, cosas o sucesos. Usa el **superlativo** para comparar tres o más personas, lugares, cosas o sucesos.

The study of Scotland is easier than I thought.
Estudiar acerca de Escocia es más fácil de lo que pensaba.

Cameron is the best bagpipe player in town.
Cameron es el mejor gaitero de la ciudad.

25.2 Algunos adjetivos y adverbios difíciles

Hay cinco adjetivos/adverbios en inglés difíciles de usar.

(1) *bad, badly*

bad (malo, mala, malos, malas): adjetivo. Se usa después de un verbo de enlace (*be, appear, feel, look, sound*).

badly (mal): adverbio. Se usa después de los verbos de acción.

I feel bad about that. He behaved badly today.

(2) *fewer, less*

fewer (menos): adjetivo. Se usa para el número de artículos, *fewer calories* (menos calorías).

less (menos): adjetivo. Se usa para la cantidad.

Less work (menos trabajo).

> **¡Atención!**
> Cuando agregues la terminación *-er* o *-est* a palabras que terminen en *-y*, debes cambiar la y por una i.

(3) good, well

good (bueno): adjetivo. Se usa para describir a un sustantivo o después de un verbo de enlace (*be, appear, feel, look, sound*).

It smells good (huele bien).

well (bien): adverbio. Se usa para modificar un verbo, adjetivo u otro adverbio.

You sing very well (cantas muy bien).

(4) just (sólo): adverbio. Se coloca antes de la palabra que modifica.

I would like just one bowl of cereal. (Quiero sólo un plato de avena.)

(5) only (sólo): adverbio. Se coloca antes de la palabra que modifica.

Only she answered that question. Sólo ella contestó esa pregunta.
She only answered that question. Ella sólo contestó esa pregunta.
She answered only that question. Ella contestó sólo esa pregunta.

Practica 

1. Primero en español

A. Identifica si las frases siguientes son las formas comparativas o superlativas.

    a. la mejor __________

    b. más pequeño __________

    c. menos flacos __________

    d. los menos talentosos __________

    e. el más fuerte __________

B. Escribe la forma comparativa y superlativa de las siguientes frases.

    a. interesantes __________

    b. bueno __________

    c. malo __________

    d. lindas __________

    e. ilustrada __________

2. Ahora en inglés

A. Identifica si las frases siguientes son las formas comparativas o superlativas.

    a. better __________

    b. worse __________

    c. farther __________

    d. kindest __________

    e. most truthful __________

B. Escribe la forma comparativa y superlativa de las siguientes palabras.

a. low __________ __________

b. famous __________ __________

c. strong __________ __________

d. juicy __________ __________

e. swift __________ __________

f. graceful __________ __________

g. intelligent __________ __________

h. large __________ __________

i. loyal __________ __________

j. much __________ __________

k. good __________ __________

l. far __________ __________

Aplica ✍

3. *Escribe tres oraciones usando las formas comparativas y superlativas.*

a. adjetivo/comparativo ____

b. adverbio/comparativo ____

c. adverbio/superlativo ____

26.1 El punto final

→ Concepto clave

Los tres signos al final de oración son el punto [.], el signo de interrogación [?] y el signo de exclamación [!].

◆ El punto

El signo de cierre más común, el punto, tiene tres funciones básicas.

→ Concepto clave

Se usa el punto para terminar una oración declarativa, una oración imperativa suave o después de las abreviaturas.

China is a country in Asia.	China es un país de Asia.
Use a calligraphy pen.	Usa una pluma para caligrafía.
Dr. Pérez is coming with us.	El Dr. Pérez nos acompaña.

¡Atención!
Cuando hay una abreviatura al final de la oración, sólo se necesita un punto.

◆ Signo de interrogación

→ Concepto clave

Se usa un signo de interrogación [?] para terminar una pregunta completa o una pregunta incompleta cuando se sobreentiende el resto de la pregunta.

Where did you put my checkbook?	¿Dónde pusiste mi chequera?
Are you going to the store?	¿Vas a la tienda? ¿A cuál?
Which one?	

¡Compara!

En inglés se usa sólo un signo de interrogación. En español se usa el signo de interrogación invertido al comienzo de la oración.

◆ Signo de exclamación

→ Concepto clave

Usa un signo de exclamación [!] para terminar una oración exclamativa o imperativa que expresa una emoción fuerte.

Move away from the fire!	¡Aléjate del fuego!

¡Ojo!
No uses demasiados signos de exclamación cuando escribas.

26.2 *La coma*

◆ Usa las comas para separar elementos básicos

Las comas en las oraciones compuestas Una oración compuesta está formada por dos cláusulas o más unidas por las conjunciones *and, but, for, nor, or, so* o *yet.*

→ Concepto clave

Usa una coma antes de la conjunción para separar dos cláusulas independientes en una oración compuesta.

Uso de las comas en series Cada vez que una oración contiene tres o más elementos semejantes en una serie, se usa una coma para separarlos.

→ Concepto clave

Usa comas para separar tres o más palabras, frases o cláusulas en una serie.

John chose apples, pears, and peaches.
John escogió manzanas, peras y duraznos.

Uso de las comas entre adjetivos Algunos adjetivos deben separarse por comas.

→ Concepto clave

Usa comas para separar adjetivos de la misma importancia.

You have made a simple, polite request.
Has hecho una petición sencilla y cortés.

◆ Usa las comas para separar elementos adicionales

Comas después de una introducción

→ Concepto clave

Usa una coma después de una palabra, frase o cláusula de introducción.

Cuando empieza la oración con una frase de dos palabras (*at night, for hours, Tuesday evening*) no siempre se necesita la coma.

> En tu libro de texto en inglés aparece una tabla con distintas fórmulas de introducción.

Comas con expresiones no esenciales Con frecuencia, las comas se usan para separar expresiones no esenciales para el significado de la oración.

> En tu libro de texto en inglés aparecen dos tablas con distintos tipos de expresiones no esenciales.

¡Ojo!
En español no se emplea la coma antes de *y* u *o.*

¡Atención!
En inglés no se usa la coma cuando cada palabra de una serie está separada por una conjunción.

◆ Usa la coma en situaciones especiales

➜ Concepto clave

Cuando una fecha tiene dos o más partes, debes usar una coma
después de cada parte, excepto en el caso de un mes seguido por
un día o un año.

June 10, 1997; June 10; June 1997

➜ Concepto clave

Cuando una dirección o nombre geográfico tiene dos o más
partes, usa la coma después de cada parte.

My friend Pedro was born in el Salto, Durango, Mexico.
Mi amigo Pedro nació en el Salto, Durango, México.

Usa las comas en las direcciones, cartas, números y citas

➜ Concepto clave

Usa la coma después de cada elemento en una dirección que
tiene dos o más partes.

*She writes to her friend Stella Kasprowicz, 1197 Loring Avenue,
Salem, Massachusetts 01970.*

➜ Concepto clave

Usa una coma después del saludo en una carta personal y
después de la despedida en todo tipo de cartas.

Dear Kaoru, Querido Kaoru,; *Sincerely,* Atentamente

➜ Concepto clave

Usa una coma después de cada tres dígitos en números de más
de tres dígitos: *82,471,908.*

➜ Concepto clave

Usa comas para separar una cita textual del resto de una oración.

26.3 *Punto y coma y dos puntos*

El punto y coma [;] es un signo de puntuación que es un
término medio entre un punto y una coma. Le indica al lector
una pausa más larga que la de la coma, sin detenerse como lo
pide el punto. Los dos puntos [:] se usan para señalar que más
adelante hay información adicional.

◆ Usa el punto y coma para unir cláusulas independientes

➜ Concepto clave

Usa un punto y coma para unir cláusulas independientes que no
estén unidas por las conjunciones *and, but, for, nor, or, so* o *yet.*

Si no hay una conjunción en la oración, se debe colocar el
punto y coma. Si las cláusulas no están estrechamente
relacionadas, deben escribirse como dos oraciones separadas.

¡Ojo!
Si escribes en un sobre
una dirección, puedes
omitir la mayoría de las
comas.

¡Recuerda!
En español se usa el
punto con los miles y la
coma antes de los
decimales.

➜ Concepto clave

Usa un punto y coma entre los elementos de una serie si los
elementos ya están separados por comas.

*The fans, cheering loudly; the band, playing a rousing march; and
the cheerleaders, turning cartwheels, helped inspire the team.*
Los aficionados gritaban, la banda tocaba una marcha
entusiasta y las porristas, haciendo volteretas, ayudaron a
alentar al equipo.

◆ Usa los dos puntos

➜ Concepto clave

Usa los dos puntos antes de una lista de elementos después de
una cláusula independiente.

*Some features in the magazine were the following: an article on
model planes, a column about . . .*
La revista incluía un artículo acerca de aeromodelismo, una
columna sobre...

◆ Usos especiales de los dos puntos

Entre los usos especiales que se dan a los dos puntos se
encuentran las referencias a la hora, saludos en cartas comerciales
y rótulos que se usan para introducir ideas importantes.

> En tu libro de texto en inglés aparece una tabla con los usos de
> los dos puntos.

¡Ojo!
Nunca uses dos puntos
justo después de un
verbo o de una
preposición.

Practica ✍

1. *Primero en español*

Corrige las oraciones escribiendo la puntuación necesaria.

a. Dónde pusiste mis gafas

b. Amigo mío quiero que sepas la verdad

c. Cuidado Hay mucho tránsito por aquí

d. Tengo muchos niños Toño Estefanía Cristóbal Nicolás Emilia y Miguel

e. Vivió en San Francisco California en Las Vegas Nevada y en Cabo San Lucas

f. Su calzado un par de sandalias era muy cómodo

2. *Ahora en inglés*

Corrige las oraciones escribiendo la puntuación necesaria.

a. I never met Edward Leon Sr

b. Watch out I think that's poison ivy over there

c. My mother was born November 4 1958

d. She has exactly $3893 in the bank

e. A narrow rough road divides the countryside

f. Yes I really do agree with Dorothy

g. My sister is an outstanding student as a result she has a scholarship to the University of
Massachusetts

h. Aunt Lucia has a variety of vegetables tomatoes potatoes and squash

3. *Escribe tres oraciones usando la siguiente puntuación.*

a. un punto y una coma ____

b. dos puntos y signo de interrogación __________________________________

c. punto y coma ____

26.4 Comillas y subrayado

◆ Usa las comillas en citas directas

→ Concepto clave

Una cita directa repite exactamente las palabras o ideas de una persona y se escribe entre comillas.

→ Concepto clave

Una cita indirecta nos habla acerca de las palabras o ideas de una persona y no se necesita escribir entre comillas.

Citas directas con expresiones

→ Concepto clave

Usa una coma después de una frase de introducción y escribe la cita textual como una oración completa.

¡Compara!

En inglés se escribe la comilla de cierre después del punto. En español se escribe la comilla de cierre antes del punto.

He told a friend, "Come with me to the party."
Le dijo a un amigo: "Ven conmigo a la fiesta".

- Cuando una expresión de cierre sigue a la cita textual, escribe la cita como una oración entera con la coma, el signo de interrogación o de exclamación dentro de las comillas de cierre.

"I think you would have fun at our camp," said Timmy.
—Creo que te divertirías en nuestro campamento —dijo Timmy.

- Usa una coma después de la primera parte de una cita interrumpida y otra coma después de la interrupción. Ambas partes de la cita interrumpida van entre comillas.

"Do you think," said Camille, "that Elisa can learn French?"
—¿Crees —dijo Camille—, que Elisa puede aprender francés?

- Cuando una cita va seguida de una expresión de conclusión, termina la primera cita textual con una coma, signo de interrogación o signo de exclamación y las comillas de cierre. Escribe un punto después de la expresión que interrumpe. Luego, escribe la segunda cita.

"That's great!" exclaimed Diane. "When did they hire Joe?"
—¡Maravilloso! —exclamó Diana— ¿Cuándo contrataron a Joe?

> **¿Sabias que...**
> existen dos tipos de comillas? Las inglesas [" "] y las simples [' ']. Las simples sirven para entrecomillar palabras dentro de otras comillas.

Siempre coloca una coma o un punto dentro de las comillas de
cierre.

"We saw an ocelot today," said Mark.
—Hoy vimos un ocelote —dijo Mark.

→ **Concepto clave**

Coloca un signo de interrogación por fuera de las comillas de
cierre si no es parte de la cita textual.

Why did Judy say, "I like money"?
¿Por qué dijo Judy "Me gusta el dinero"?

Las comillas para diálogos Una conversación entre dos o más
personas se llama diálogo.

→ **Concepto clave**

Cuando cites diálogos, comienza un nuevo párrafo cada vez que
cambia la persona que habla.

¡Compara!

En inglés, se usan las comillas en los diálogos. En español se
emplea la raya.

◆ Subrayado y otros usos de las comillas

Subrayado Debes subrayar los títulos de trabajos largos como
los títulos de libros y títulos de publicaciones.

> En tu libro de texto en inglés aparece una tabla con los títulos de
> obras que se subrayan.

Subraya los títulos de películas, series de la radio y la
televisión, obras de arte y música importantes.

Subraya los nombres de aviones, barcos, carros y vehículos
espaciales o terrestres.

Títulos entre comillas

→ **Concepto clave**

Las obras cortas y las secciones de obras más largas se escriben
entre comillas.

Coloca entre comillas los títulos de canciones, episodios de
una serie y partes de una composición musical larga.

> En tu libro de texto en inglés aparece una tabla con los títulos de
> obras que se escriben entre comillas.

¡Recuerda!
Puedes repasar el
empleo de las
mayúsculas en los
títulos.

26.5 *Guiones y apóstrofos*

El guión [-] se usa para combinar algunos números y para
mostrar una conexión entre las sílabas de las palabras
separadas al final de un renglón.

El apóstrofo ['] se usa para mostrar la posesión en los
pronombres y sustantivos o para indicar las letras que faltan en
las contracciones.

¡Compara!

El apóstrofo tiene varios usos en inglés. En español no se usa.

◆ Usa el guión con números

→ Concepto clave

Usa un guión para escribir los números compuestos del 21 al 99
twenty-one, ninety-nine.

→ Concepto clave

Usa un guión para escribir fracciones con función de adjetivos.

a two-thirds vote dos tercios de la votación

Si cumple la función de un sustantivo, se omite el guión.

two thirds of the players dos tercios de los jugadores

◆ Usa el guión con partes de palabras y palabras compuestas

- Usa un guión después de un prefijo seguido por un sustantivo
propio o un adjetivo.

mid-July a mediados de julio

- Usa un guión en palabras con los prefijos *all-*, *ex-* y *-self*, y en
palabras con el sufijo *–elect*.

self-employed empleado por su cuenta

- Usa un guión para conectar dos o más palabras que se usan
como una palabra.

son-in-law yerno

- Usa un guión para conectar un modificador compuesto antes
de un sustantivo.

never-ending sound un sonido incesante

- No uses guiones con modificadores compuestos que incluyan
palabras que terminen con *-ly* o con adjetivos propios
compuestos o con sustantivos propios compuestos con función
de adjetivos.

poorly written letter una carta mal escrita

¡Compara!

El uso del guión en español se utiliza para dividir una palabras al final de un línea, unir los elementos de algunas palabras compuestas y entre dos cifras que indican un intervalo.

Reglas para la división de palabras a final de línea

• Siempre separa las palabras entre sílabas.

• No separes las palabras de una sola sílaba.

• Evita dejar una letra sola cuando separes palabras.

• No separes sustantivos propios y adjetivos propios.

• Separa una palabra con guión después del guión.

◆ Usa el apóstrofo para formar posesivos

• Añade un apóstrofo y una *s* para mostrar el caso posesivo de la mayoría de los sustantivos singulares.

the player's bat el bate del jugador

• Añade un apóstrofo para mostrar el caso posesivo de sustantivos plurales que terminan en *s* o *es*.

bees' buzzing el zumbido de las abejas

• Añade un apóstrofo y una *s* para mostrar el caso posesivo de los sustantivos plurales que no terminan en *s* o *es*.

children's game juego de niños

◆ El apóstrofo y los pronombres

➜ Concepto clave

Usa el apóstrofo y una *s* con los pronombres indefinidos para mostrar el caso posesivo.

everyone's de todos

➜ Concepto clave

No uses un apóstrofo con los pronombres posesivos: *my, mine, your, yours, his, her, hers, its, our, ours, their, theirs.* Éstos ya indican posesión.

◆ El apóstrofo en las contracciones

Una contracción es una palabra o frase acortada.

→ Concepto clave

Usa un apóstrofo en una contracción para indicar la posición de
las letras que faltan.

didn't (did not), aren't (are not), no (verbo), no son

> En tu libro de texto en inglés aparece una tabla con
> contracciones de verbos.

Practica 

1. *Primero en español*

Escribe la puntuación correcta.

a. Has leído el cuento Espuma y nada más

b. Quisiera tomar una clase de francés una de química y una de biología

c. Nosotros vimos la película La casa de los espíritus

d. No no puedo estudiar contigo esta noche

e. Mi hermana estudia mucho por eso saca buenas calificaciones

f. Creo que te divertirás dijo Balín

g. Extraordinario exclamó Consuelo

h. Por qué dijo Joselito No quisiera estar en su lugar

2. *Ahora en inglés*

Escribe la puntuación correcta.

a. When I say Go you may go

b. Did you ever read Pedro Páramo the novel by Rulfo

c. The musical Annie Get Your Gun was very entertaining

d. We don't know where the two boys books are but the three girls books are here

e. Have you seen the film Camila

f. Do you work at the U N

g. Where are Johns toys

h. It was in 1982 she replied Dont you remember

Aplica

3. *Escribe una oración con los siguientes elementos. Usa la puntuación correcta.*

a. abbreviation ____

b. a direct quotation ____

c. a possessive ____

CAPÍTULO 27

Las mayúsculas

Support for
Capitalization

◆ El uso de mayúsculas en oraciones y en la palabra *I*

Las mayúsculas se emplean al comienzo de una oración.

➜ Concepto clave

Las mayúsculas se usan al comienzo de las oraciones declarativas, interrogativas, imperativas y exclamativas.

Walk carefully on this slippery pavement.
Camina despacio en este pavimento resbaloso.

➜ Concepto clave

El pronombre *I* (yo) siempre se escribe en mayúscula.

She and I have always been friends.
Ella y yo siempre hemos sido amigas.

¡Compara!

En inglés, el pronombre personal *I* se escribe siempre en mayúscula. En español "yo" siempre se escribe en minúscula, salvo al comienzo de una oración.

The instructor told me I had to practice a lot if I wanted to learn.
El instructor me dijo que yo tenía que practicar mucho si quería aprender.

¿Sabías que...
casi siempre, una cita textual interrumpida continúa con una nueva oración que comienza con mayúscula?

Practica ✑

1. *Primero en español*

Subraya la palabra o palabras de cada oración que deben ir en mayúscula.

a. ¿quién fue el primer rey de Inglaterra?

b. no, quién fue?

c. el rey Egbert de Essex.

d. alfredo el Grande gobernó después.

e. los daneses llegaron a Inglaterra en 849.

2. *Ahora en inglés*

Si las mayúsculas de cada oración están bien colocadas, indícalo con una C en el espacio en blanco. Si la oración está mal, corrígela.

a. Do you know who the first king of England was?___________

b. no, who was it?___________

c. Egbert of Wessex who became king in A.D. 825. ___________

d. England was occupied by the Danes in A.D. 849. ___________

e. athelstan, the grandson of Alfred was a later monarch. ___________

◆ Las mayúsculas en los sustantivos propios

Una mayúscula sirve para indicar que una palabra es un sustantivo propio, el nombre de una persona o de un lugar específico.

➜ Concepto clave

Escribe con mayúscula todos los sustantivos propios.

➜ Concepto clave

Escribe con mayúscula los nombres y apellidos de personas, incluso las iniciales.

Margaret Rose Windsor, L. T. Cornwall

➜ Concepto clave

Escribe con mayúscula los nombres geográficos.

> En tu libro de texto en inglés aparece una tabla con nombres geográficos.

➜ Concepto clave

Escribe con mayúscula sucesos acontecimientos y períodos históricos.

> En tu libro de texto en inglés aparece una tabla con acontecimientos y períodos.

➜ Concepto clave

Escribe con mayúscula los nombres de organizaciones, instituciones de gobierno, partidos políticos, razas, nacionalidades y lenguas.

> En tu libro de texto en inglés aparece una tabla con nombres de grupos y otras organizaciones específicos.

➜ Concepto clave

Escribe con mayúscula las referencias a religiones, deidades y escritos religiosos.

> En tu libro de texto en inglés aparece una tabla con referencias a las religiones.

➜ Concepto clave

Escribe con mayúscula los nombres de monumentos, edificios, cuerpos celestes, premios, vehículos y marcas legistradas.

➜ Concepto clave

Escribe con mayúscula los nombres geográficos.

¡Recuerda!
En inglés los nombres de los días de la semana y de los meses del año se escriben siempre con mayúscula.

◆ Las mayúsculas en los adjetivos propios

→ Concepto clave

Se escriben en mayúscula los adjetivos propios y los nombres propios usados como adjetivos.

Spanish rice (arroz español), *Clearbright paint* (pintura Clearbright)

◆ Las mayúsculas en los títulos de personas

→ Concepto clave

Se escribe con mayúscula el título de una persona cuando va antes del nombre o se emplea en su lugar.

En tu libro de texto en inglés aparece una tabla con títulos y tratamientos.

¡Compara!

En español los títulos, tratamientos y profesiones van en mayúscula cuando se refieren al cargo, pero no van en mayúscula si están seguidos del nombre de la persona.

The President is traveling.	El Presidente está de viaje.
The President Ramón Vázquez resigned.	El presidente Ramón Vázquez renunció.

Los nombres de las relaciones familiares

→ Concepto clave

Se escribe en mayúscula la relación familiar cuando se emplea con el nombre o como nombre de la persona.

Uncle Frank (tío Frank), *Grandmother* (Abuela)

No se usa mayúscula después del posesivo.

Alan's father (el padre de Alan)

◆ Las mayúsculas en los títulos de cosas

→ Concepto clave

Se escriben con mayúscula la primera palabra y las palabras importantes de los títulos de los libros, periódicos, poemas, cuentos, obras de teatro, pinturas y otras obras de arte.

Young Woman With a Water Jug (Mujer joven con jarra)

→ Concepto clave

Los títulos de algunos cursos se escriben con mayúscula.

French (Francés), *History 3A* (Historia 3A)

> **¡Atención!**
> Los artículos, las preposiciones y las conjunciones de dos o tres letras no llevan mayúsculas en los títulos.

Practica ✍

1. *Pon mayúsculas en los títulos de personas que aparecen en las oraciones siguientes.*

a. The drill was led by sergeant Joe.

b. I walked the senator to his table.

c. Do you think judge Coursey will be here?

d. Can you tell us, congresswoman Riley, how you will vote?

e. I've just received an e-mail from uncle Fred.

f. Could you help me, sir?

2. *Escribe las mayúsculas en los siguientes títulos según sea necesario. La palabra entre paréntesis indica a qué categoría pertenece el título o nombre.*

a. "the bells" (poema)

b. *jane eyre* (libro)

c. *the peasant dance* (pintura)

d. *life* (revista)

e. "all my favorite things" (canción)

f. *little women* (libro)

g. *dunes* (pintura)

h. Washington *daily star* (periódico)

i. *our town* (pieza teatral)

j. french 301 (curso escolar)

Aplica ✍

3. *Escribe una tarjeta postal a un amigo o amiga. Describe un lugar interesante que hayas visitado. Menciona nombres de personas y lugares. Usa las mayúsculas de forma apropiada. Incluye el encabezamiento y los saludos correspondientes.*

____

____

____

Parte 3

Destrezas

CAPÍTULO 28

Hablar, escuchar, observar y presentar

¿Cuánto tiempo pasas al día hablando con tus amigos? ¿Escuchando la radio? ¿Mirando televisión? En la actualidad, hablar, escuchar y observar son una parte vital de la vida diaria y la habilidad para comunicarnos por medios visuales se está volviendo más importante que nunca. En este capítulo aprenderás todas las destrezas que necesitas para hacerlo bien en esta era de multimedia.

28.1 *Destrezas para hablar y escuchar*

En la escuela usas todos los días tus destrezas para hablar y escuchar. Escuchas a maestros y amigos, das informes y presentaciones a tus compañeros. Cuanto mejor hables y escuches, mejor estudiante serás.

◆ Usar las destrezas del habla informal

Usas las destrezas para hablar de manera informal todos los días en conversaciones con amigos y familiares. Esta sección te ayudará a aplicar estas habilidades en otras situaciones, como discusiones de grupo y presentaciones en la clase.

Participa en discusiones de la clase
Al prepararte para participar en las discusiones de la clase y practicar tus habilidades para hablar y escuchar, desarrollarás el nivel de confianza y comodidad que necesitas para contribuir sólidamente a esas discusiones.

Consejos para participar en discusiones de la clase:

- Establece una meta para participar. Por ejemplo, tal vez quieras contribuir como mínimo una idea en cada discusión.
- Estudia y realiza las tareas requeridas para llegar a la clase preparado para participar.
- Escucha con atención, no sólo a tu maestro sino también a las preguntas y respuestas de tus compañeros.
- Pregunta cuando no estés seguro o cuando quieras saber más sobre algún tema.
- Cuando tu maestro haga una pregunta que puedes contestar, levanta la mano y si te lo pide, da tu respuesta.

Da instrucciones
Seguramente, ya le has dado a alguien instrucciones para llegar a tu casa o a tu apartamento. También habrás dado instrucciones a alguien sobre cómo hacer algo. En ambos casos, probablemente te diste cuenta que cuanto más específicos y precisos eran los detalles que dabas, más fácil era seguir tus instrucciones.

Preséntate y presenta a otras personas
Durante tu vida conocerás a muchas personas y a menudo, te pedirán que presentes a los que ya conoces.

◆ Usar las destrezas del habla formal

Se habla con formalidad cuando se dan discursos y presentaciones a un público. A esta altura de tu vida, la mayoría de estas charlas serán en la escuela. Cuando seas mayor, sin embargo, es posible que te encuentres en situaciones en las que tengas que dar un discurso o una presentación. Las siguientes son algunas situaciones afuera de la escuela en las que podrías dar discursos y presentaciones.

Ocasiones para discursos

- Discursos en casamientos y fiestas formales
- Presentaciones en el lugar de trabajo
- Discursos en las reuniones del consejo municipal, de la junta de educación y otras reuniones públicas
- Discursos en clubes o a equipos deportivos

Los distintos tipos de discurso

- El discurso **informativo** explica un evento o situación. Presenta datos sin intención de influir en el público.
- El discurso **persuasivo** intenta convencer al público de que comparta un punto de vista o que realice una acción. Puede usar técnicas de lenguaje como la repetición de puntos clave para captar la atención.
- El discurso **para entretener** se da para divertir al público y puede incluir otros tipos de discursos. A menudo, un buen orador usará un lenguaje informal humorístico para "romper el hielo".
- El tipo de discurso que ofrezcas dependerá de tu público, de tu propósito y de la ocasión.

Prepara y da un discurso

Después de decidir tu tema y tu tipo de discurso, planifícalo cuidadosamente.

→ Concepto clave

Usa un plan organizado para preparar y presentar tu discurso.

Recopila información Investiga el tema en la biblioteca y en distintas fuentes. Toma notas, incluye citas textuales y la fuente de información de cada punto. Sigue estas sugerencias:

- **Reseña los puntos principales y los detalles de apoyo**
- **Prepara tarjetas de notas**
- **Practica el discurso**
- **Da el discurso**

◆ Escuchar efectivamente

Para escuchar bien, necesitas concentrarte y tomar parte de lo que escuchas para poder evaluar la información.

➜ Concepto clave

Escuchar es un proceso de dos pasos que consiste en identificar y luego, evaluar el mensaje del orador.

Escucha activamente Escuchar activamente significa participar en lo que escuchas; cuanto más participas, más aprendes.

Determina el propósito para escuchar La manera en que escuchas depende del motivo por el que escuchas. Hay tres propósitos para escuchar:

- **Obtene información** Escucha las ideas principales y los detalles más importantes.
- **Resuelve problemas** Escucha y haz preguntas para entender problemas y hallar una solución.
- **Disfruta y aprecia** Identifica elementos artísticos, como una rima, una imagen o un lenguaje descriptivo.

Elimina obstáculos Prepárate a escuchar retirando todos los materiales que puedan distraerte (libros, revistas). Evita los ruidos, dentro y fuera de la clase, para poder concentrarte en el orador y en su mensaje.

Resume las ideas principales y apoya los detalles
Resumir el mensaje de un orador te fuerza a escuchar con atención y a decidir qué es lo importante. Usa las sugerencias siguientes para resumir.

- Escribe en tus propias palabras solamente las ideas principales y los detalles que las apoyan, la información que quieres recordar.
- Subraya las ideas principales para encontrarlas rápidamente cuando quieras consultarlas.
- Escribe frases cortas, no oraciones completas.

◆ Escuchar críticamente

➜ Concepto clave

No aceptes automáticamente todo lo que oyes. Analiza y evalúa mientras escuchas para sacar tus propias conclusiones sobre el mensaje del orador.

Analiza las técnicas persuasivas A menudo, los oradores usan técnicas como éstas, para convencerte de que pienses de cierta manera:

- **Apela a las emociones** El orador usa palabras cargadas emocionalmente para convencerte de estar de acuerdo con cierto punto de vista.
- **Uso de propaganda** El orador presenta una información seleccionada para promover un grupo específico de ideas.

Interpreta las técnicas verbales y no verbales Prestar atención a las técnicas verbales y no verbales puede hacerte entender mejor el mensaje del orador.

- **Técnicas verbales** Presta atención a los momentos que elige el orador para subir o bajar el tono de voz o variar la velocidad con la que habla.
- **Técnicas no verbales** Presta atención a los movimientos del orador, como agitar los brazos o sacudir la cabeza.

Evalúa lo que escuchas Para hallar maneras de mejorar tus habilidades para escuchar, haz una autoevaluación.

- **Verifica tu entendimiento** Puedes verificar tu entendimiento del mensaje repitiendo partes al orador. ¿Está de acuerdo con tu repetición el orador?
- **Compara y contrasta las interpretaciones** Escribe tu interpretación del mensaje y usa un diagrama de Venn para compararla con la interpretación de un compañero.

28.2 *Destrezas de observación y presentación*

Estás rodeado de imágenes visuales y de ellas obtienes mucha información. Estas imágenes se hallan en la televisión, películas, libros, periódicos, revistas, en la Internet y en las obras de arte. En esta sección, aprenderás a interpretar y crear imágenes.

◆ Interpretar mapas, gráficas y fotografías

Los mapas, las gráficas y las fotografías pueden reunir tanta información como los trabajos escritos; a veces, más.

→ Concepto clave

Aprende los elementos clave de los mapas, gráficas y fotografías para saber cómo interpretarlos de manera apropiada. Cuando interpretes cualquier tipo de ayuda visual, sigue estos pasos.

1. Determina tu propósito para mirar. ¿Qué información esperas obtener?

2. Estudia el título, leyenda y rótulos. ¿Qué información agregan?

3. Examina todos los símbolos. Usa una clave si te la dan.

4. Conecta las ayudas visuales con el texto escrito que las acompañan.

Lee mapas

Los distintos tipos de mapas ofrecen diferente información. Los mapas **políticos** muestran los límites, ciudades, pueblos y capitales de un lugar específico. Los mapas **físicos** muestran distintos accidentes geográficos y cuerpos de agua, montañas, desiertos, terrenos de cultivo, ríos, lagos y océanos. Los mapas **de clima** y **de población** informan sobre estos temas en una región particular.

Lee gráficas

Las gráficas proveen una comparación visual de la información. Existen tres tipos:

- **Gráfica lineal**
- **Gráfica de barras**
- **Gráfica circular**

Analiza fotografías

1. Mira con cuidado los detalles para comprobar que estás mirando la fotografía correctamente. A veces, si miras rápidamente puedes equivocarte.

2. Lee con cuidado cualquier leyenda que acompañe la fotografía.

3. Conecta la fotografía con cualquier texto que la acompañe.

◆ Considerar críticamente la información

Conviértete en un espectador crítico al aprender a identificar y evaluar los distintos tipos de imágenes y medios visuales.

Tipo de medios informativos La tecnología provee distintos tipos de medios de información. Identificarlos es una ayuda para entender la información que ofrece cada uno, además de su punto de vista.

<table>
<tr><td>

Noticieros de televisión
• Presentan las noticias del día.
• Dan información objetiva.
Editoriales
Presentan los temas del momento.
• Expresan una opinión.

</td><td>

Programas de comentarios y noticias
• Presentan diferentes temas.
• Entretienen e informan.
Comerciales
• Presentan productos, personas o ideas.
• Persuaden a la gente a comprar algo o hacer algo.

</td></tr>
</table>

Evalúa la información de los medios informativos Una vez que entiendes los distintos tipos de medios informativos, conviértete en un espectador crítico. Analiza con cuidado y evalúa cada cosa que veas u oigas.

También, debes saber que los medios usan técnicas persuasivas para presentar información de una manera determinada. Si conoces estas técnicas podrás observar los medios informativos de manera más objetiva.

• Distinguir hechos de opiniones
• Presta atención a connotaciones del lenguaje (lenguaje cargado) e imágenes.
• Identificar tendencias Evaluar los medios informativos
• Presta atención a los programas que miras, su propósito y sus limitaciones.
• Separa los datos de las opiniones.
• Presta atención a cualquier lenguaje cargado o imagen sensacionalista que pueden hacerte reaccionar de una determinada manera.
• Presta atención a las tendencias y cualquier punto de vista que no se comente.
• Verifica la información sorprendente o cuestionable en otras fuentes.
• Observa el programa completo antes de llegar a cualquier conclusión.
• Desarrolla tus propios puntos de vista sobre los temas, personas e información.

◆ Considerar críticamente obras de arte

Es importante saber algo de los elementos básicos del arte para poder entender qué trata de expresar el artista. Algunos elementos de la pintura son: color, perspectiva y estilo

◆ Crear organizadores gráficos

Presentar información en forma visual hace que las ideas sean más fáciles de identificar y comprender. Sigue estos pasos para usar organizadores gráficos:

• **Identifica tu propósito**
• **Usa elementos organizadores en el texto**
• **Elige un tipo de organizador gráfico**

Usar el formato

Usa los elementos básicos de formato de tu procesador de textos para mejorar tu trabajo escrito. Éstas son las opciones más comunes en esos programas.

- **Mayúsculas** Usa letras mayúsculas para nombrar las ideas clave.
- **Negrita** Usa letras en **negrita** para destacar ideas.
- **Cursiva** para indicar las palabras que quieres enfatizar.
- **Listas numeradas** Usa listas numeradas para mostrar una secuencia.
- **Listas con puntos** Los elementos que pueden ser presentados en cualquier orden pueden ir en una lista de puntos.

Trabajar con multimedia

→ Concepto clave

Las presentaciones con multimedia ofrecen información a través de una variedad de medios que incluyen textos, diapositivas, videos, música, mapas, cuadros y obras de arte.

Crea un video

→ Concepto clave

Crea un video para comunicar información, para entretener o hacer ambas cosas al mismo tiempo. La organización es el componente esencial para hacer un video. Sigue estos pasos básicos:

Guía para la producción de un video

1. Crea un guión
2. Usa tu guión para crear un guión de filmación gráfico, un mapa similar a una tira cómica con los acontecimientos clave de tu video.
3. Elige los sitios donde filmar tu video.
4. Obtiene permiso para usar estos sitios e indica cuándo vas a filmar en ellos.
5. Elige miembros del equipo y asígnales tareas.
6. Elige actores y actrices para representar los diferentes papeles y ensaya.
7. Crea un programa de filmación (haz una lista de todas las escenas y di quién actuará en cada una) y distribúyelo.
8. Filma las escenas.
9. Revisa tus escenas y únelas para formar un video completo.

Representar e interpretar

Vive la experiencia de representar una escena dramática o de decir un monólogo.

Reflexiona sobre lo que dijiste, escuchaste, observaste o presentaste

- ¿Cuáles son mis puntos fuertes y cuáles son los puntos que debo mejorar al hablar o escuchar? ¿Qué destrezas debo mejorar?
- ¿En qué situaciones escucho mejor? ¿En qué situaciones puedo mejorar mis destrezas para escuchar?
- ¿Qué destrezas de observación me dan la mayor información?
- ¿Qué destrezas de representación disfruté más? ¿Por qué?
- ¿Qué clubes de la escuela o posibles carreras podría explorar para usar mis destrezas para hablar, escuchar, observar o presentar?

CAPÍTULO 29

Vocabulario y ortografía

Una de las partes más útiles de tu educación es el desarrollo de un buen vocabulario y ortografía. Cuando aprendes nuevas palabras, mejoras tu lectura, tu escritura, tu habla y hasta tu manera de pensar. No sólo mejorarás en estas actividades, sino que también las disfrutarás más.

Te será muy útil ampliar tu vocabulario y tu conocimiento de la gramática. Los errores de vocabulario y ortografía, por ejemplo, disminuirán tus calificaciones. Un vocabulario reducido limitará lo que tratas de decir o escribir. Sin embargo, con un pequeño esfuerzo, puedes mejorar mucho tus habilidades.

29.1 Desarrolla tu vocabulario

◆ Escuchar

Tres de las maneras más comunes de incrementar tu vocabulario son tomar parte en las conversaciones, escuchar y leer en voz alta.

Conversación

¿Pensaste alguna vez en la importancia de las conversaciones para desarrollar tu vocabulario? Después de todo, desde que naciste, estás escuchando y, más tarde, participando de conversaciones. En estas conversaciones aprendiste, y continúas aprendiendo, el significado y las pronunciaciones de nuevas palabras. Puedes mejorar tu vocabulario aún más si prestas atención a las palabras desconocidas que aparecen en las conversaciones, especialmente aquellas con personas con experiencias de vida e ideas diferentes a las tuyas. Aprende el significado de nuevas palabras preguntando o buscándolas en un diccionario.

Escucha lecturas en voz alta

Otra manera importante de mejorar tu vocabulario es escuchar trabajos leídos en voz alta. Casi todos los tipos de literatura, inclusive las obras de teatro, poemas y cuentos, están disponibles en casetes o en discos compactos. Cuando escuches estos trabajos aprenderás la pronunciación de nuevas palabras. También oirás el contexto, las palabras y oraciones alrededor de una palabra desconocida, que ayuda a darle significado. Lee mientras escuchas para poder ver las palabras desconocidas que oyes.

Lee sobre diferentes temas

Entre los muchos beneficios de leer está el de desarrollar tu vocabulario. Cuando lees, encuentras nuevas palabras y sus significados. Cuanto más leas, más familiares te serán estas nuevas palabras. Al leer sobre diferentes temas, en literatura, libros de texto, periódicos, revistas, artículos en Internet y otras fuentes de información, no sólo conocerás muchas nuevas palabras, sino que las encontrarás dentro de un contexto. Cuando aprendes palabras en su contexto, enriqueces tu entendimiento del significado y el uso de esas palabras.

◆ Usar el contexto

Reconocer claves de contexto

Cada palabra que oyes o ves tiene un contexto. El contexto es una parte importante del significado de una palabra.

→ Concepto clave

El **contexto** de una palabra es el grupo de palabras, la oración o pasaje, que la rodean.

Usa claves de contexto

1. Lee la oración con cuidado y concéntrate en el significado general.
2. Busca pistas en las palabras cercanas.
3. Trata de predecir el significado de la palabra desconocida.
3. Vuelve a leer la oración y comprueba si tu predicción es correcta.
5. Busca tu predicción en un diccionario.

Lenguaje figurativo

El lenguaje figurativo tiene un significado distinto de su significado literal, el que encuentras en los diccionarios. A menudo usa comparaciones poco usuales o palabras conocidas en nuevas formas.

Modismos Los modismos no deben ser entendidos textualmente. Estas expresiones están basadas generalmente en las experiencias únicas y en los modos de vida de la gente de una región o cultura particular. Por lo tanto, a menudo no son conocidos por todo el mundo.

Usa claves de contexto al leer A menudo, puedes predecir el significado de una palabra por su contexto, ya sea que estés leyendo literatura, artículos o instrucciones para hacer o reparar algo.

Usa "posibles oraciones" La estrategia de posibles oraciones puede ayudarte a aumentar tu vocabulario y tu entendimiento de palabras en su contexto. Prueba este método para aprender y reforzar el significado de palabras desconocidas.

Pasos para usar "posibles oraciones"

1. Busca una palabra que no conozcas en tu lectura y usa claves de contexto para tratar de adivinar su significado.
2. Escribe una oración para la palabra desconocida en tu cuaderno de vocabulario.
3. Busca el significado verdadero de la palabra en un diccionario.
4. Evalúa tu oración para ver si usaste la palabra correctamente.
5. Revisa tu oración para corregirla.

◆ El significado de palabras en diferentes contextos

Usa un cuaderno y un glosario

Durante tus estudios encontrarás muchas palabras que no conoces y que están relacionadas con temas o áreas específicas. Si bien el contexto puede ayudarte a determinar los significados de algunas de estas palabras, debes anotar y estudiar todas las palabras desconocidas relacionadas con el tema que estás estudiando en clase. Para cada tema, escribe los significados y pronunciaciones de las nuevas palabras en una sección especial de tu cuaderno. Usa el glosario en las últimas páginas de tu libro de texto para hallar el significado de las palabras que no conoces.

Estudios sociales Las palabras que puedes encontrar en los estudios sociales se refieren a tipos de gobierno, actividades políticas, historia, sociedad y la geografía de una región. Usa estas categorías para agrupar palabras en base a lo que nombran o describen.

Ciencias Muchos términos y otras palabras en los libros de ciencias tienen origen latino o griego. Por lo tanto, puede ser una ayuda clasificar a las palabras de ciencias según sus prefijos, sufijos o raíces. Por ejemplo, puedes agrupar atmósfera con biosfera porque ambas terminan en *–sfera*. Una vez que sabes que *–sfera* significa "algo parecido a una esfera o globo" recordarás con más facilidad los significados de ambas palabras.

Temas de actualidad Cuando escuchas las noticias o lees un periódico es muy posible que encuentres palabras que has aprendido en ciencias y en estudios sociales. Recuerda, cuanto más oigas o veas usar una palabra, mejor entenderás su significado. Usa los temas de actualidad para reforzar tu vocabulario.

29.2 *Estudiar las palabras sistemáticamente*

◆ Usa un cuaderno de vocabulario

Usa un cuaderno de vocabulario para aprender palabras nuevas de tus libros de texto o de los libros que lees por tu cuenta.

→ Concepto clave

Estudia y repasa nuevas palabras en tu cuaderno de vocabulario varias veces por semana.

Crea un cuaderno de vocabulario Usa un cuaderno para hacer listas de palabras nuevas. Escribe en el cuaderno dónde encontraste cada palabra. Luego, escribe la palabra en una lista, su definición y ejemplos de cómo usarla.

◆ Estudiar las palabras nuevas

Es importante establecer un horario para repasar las nuevas palabras de vocabulario, como si comenzaras tu tarea diaria para la escuela. Usa uno o más de los métodos siguientes.

Usa tu cuaderno

Para recordar el significado de cada palabra nueva, cubre la definición con tu mano. Luego, mira la palabra y la oración de ejemplo y define la palabra. Comprueba si tu definición coincide con la del cuaderno. Luego, escribe una oración usando la nueva palabra.

Escribe oraciones con palabras del vocabulario Cuando escribes una oración usando una nueva palabra, incluye la definición para enfatizar el significado. Esto te ayudará a recordar la palabra.

Usa tarjetas

Haz una tarjeta para cada palabra nueva en tu cuaderno. Escribe la palabra que quieres recordar en un lado de la tarjeta. En el otro lado, escribe su definición y, si es necesario, el tema con el que se relaciona. Considera incluir la pronunciación y una oración usando la palabra. Si trabajas con un compañero, prueba tu conocimiento de las nuevas palabras.

Usa un grabador

Graba una palabra de vocabulario pronunciándola cuidadosamente. Luego, después de una pausa, graba su definición. Para repasar, oye la grabación. Durante la pausa, trata de recordar la definición. Oye la definición para comprobar y reforzar el significado.

◆ Usar un diccionario

Cuando quieras hallar el significado exacto de una palabra, consulta el diccionario. Además de dar la definición de una palabra, el diccionario te dice su pronunciación, su uso y su historia. Las palabras en el diccionario están en orden alfabético.

→ Concepto clave

Usa un **diccionario** para hallar los significados de las palabras que no conoces.

Usa otros libros de consulta

Diccionario de sinónimos Usa un diccionario de sinónimos para hallar palabras con significados similares (sinónimos) y, a veces, antónimos (palabras con significados opuestos) a los de una palabra dada. Un diccionario de sinónimos es útil para hallar palabras más precisas.

Diccionarios electrónicos La mayoría de los libros de referencia, por ejemplo los diccionarios y enciclopedias, también están disponibles en formato electrónico. Si estás escribiendo con un programa de procesador de textos, verifica si tiene un buscador de sinónimos en uno de sus menús. Si es así, destaca una palabra para la que quieres hallar un sinónimo y el buscador hallará palabras alternativas.

Glosario Muchos libros de texto incluyen un glosario de términos y definiciones. Los términos son específicos al campo de estudio del que trata el libro. El glosario contiene una lista de palabras del tema que necesitas aprender y saber.

→ Concepto clave

Usa **libros de consulta** como diccionarios de sinónimos, diccionarios electrónicos o glosarios para hallar las palabras exactas que necesites.

29.3 Estudiar las partes y los orígenes de las palabras

◆ Identificar raíces

La raíz de una palabra es la parte más importante porque contiene su significado básico.

→ Concepto clave

Una **raíz** es la base de una palabra.

Las palabras del inglés han llegado a nuestro idioma de muchos otros, especialmente del latín, griego y el anglosajón. Aprender de memoria las raíces más comunes de palabras te ayudará a aumentar tu vocabulario.

◆ Usar prefijos

Saber aun un pequeño número de prefijos te ayudará a entender miles de palabras.

→ Concepto clave

Un **prefijo** consiste en una o más sílabas agregadas al principio de una palabra para formar una nueva.

◆ Usar sufijos

→ Concepto clave

Un **sufijo** consiste en una o más sílabas agregadas al final de una palabra para formar una nueva.

Los sufijos pueden cambiar tanto el significado de una palabra como la función que ésta cumple en una oración.

◆ Orígenes de las palabras

Quizás no hayas pensado en esto nunca, pero el inglés pertenece a una familia de idiomas con una historia muy larga. El inglés es parte de la familia de idiomas indoeuropeos. Sus parientes más cercanos son otros idiomas germanos, como el holandés y el alemán. El inglés es el idioma más hablado en el mundo occidental. Ha tomado prestadas palabras de más idiomas que ningún otro. En realidad, más del setenta por ciento de las palabras que llamamos inglesas se tomaron prestadas de otros idiomas.

Influencias históricas

A través de la historia, el inglés ha estado en contacto con muchos otros idiomas. Acontecimientos y circunstancias, como las guerras y el intercambio con otras naciones, los nuevos inventos y la tecnología, han contribuido al crecimiento y cambio del idioma.

29.4 *Mejorar la ortografía*

Ya sea cuando escribes para un maestro, a un amigo o a alguien a quien no conoces, tu escritura deja una impresión en el lector. Tú quieres que esa impresión sea positiva. Cualquiera puede eliminar casi todos los errores de ortografía usando un diccionario, haciendo una lista de ortografía y observando las reglas básicas.

Usa una lista de ortografía

→ Concepto clave

Cuando elijas palabras para tu lista de ortografía, concéntrate en las palabras que escribes mal frecuentemente. Escríbelas, junto con su pronunciación en tu cuaderno de ortografía y estudia esta lista regularmente.

Estudia la ortografía de las palabras

Es importante estudiar las palabras de tu lista de ortografía con regularidad. Para que esta tarea sea más fácil, divide tu lista en grupos de cinco o diez palabras. Estudia cada grupo separadamente durante una semana. Cuando domines más y más palabras, prueba con un grupo más grande.

→ Concepto clave

Repasa tu lista de palabras todas las semanas, varias veces a la semana.

Un método para estudiar la ortografía de las palabras

1. **Mira** cada palabra. Presta atención a cualquier elemento diferente. Concéntrate en la parte que te da más trabajo. Luego, cubre la palabra y trata de "verla" mentalmente.
2. **Pronuncia** la palabra en voz alta. Luego, repítela lentamente, sílaba por sílaba.
3. **Deletrea** la palabra escribiéndola en una hoja de papel. Pronuncia cada sílaba en voz alta mientras escribes.
4. **Compara** la palabra que escribiste en el papel con la de tu libro de texto. Si la escribiste correctamente, márcala con (°) en tu cuaderno de ortografía. Si no, encierra en un círculo la letra o letras incorrectas. Luego, comienza otra vez con el primer paso.

Sigue las reglas de la ortografía

Elige entre *ie* y *ei*

Sigue las reglas básicas cuando escribas una palabra que contenga las letras *ie* o *ei*. Debes memorizar las excepciones a estas reglas.

- Cuando una palabra tiene el sonido de una *e* larga, usa *ie*.
- Cuando una palabra tiene el sonido de una *a* larga, usa *ei*.
- Cuando una palabra tiene el sonido de una *e* larga precedido de la letra *c*, usa *ei*.

→ Concepto clave

Recuerda la regla: *i* antes de *e*, excepto después de *c* y cuando suena como *ay*.

Palabras adicionales Agregar más palabras a tus listas de ortografía te ayudará a recordar las reglas básicas. Agrega cualquier palabra que te resulte difícil.

Agrega prefijos y sufijos

Un prefijo consiste en una o más sílabas agregadas al principio de una palabra para formar una nueva. Un sufijo consiste en una o más sílabas agregadas al final de una palabra.

Si agregas un prefijo a una palabra, no afectas la ortografía de la palabra original. Si agregas un sufijo, a menudo cambiarás la ortografía de la palabra.

Investiga palabras largas

La manera en que las palabras se dividen puede ayudarte a recordar algo importante para tener buena ortografía. Las palabras largas a menudo están compuestas de palabras cortas o partes de palabras. Cuando tengas que escribir una palabra larga, trata de hallar dentro de ella las palabras pequeñas.

Sufijos Las tres listas que siguen resumen los cambios más generales de ortografía que pueden ocurrir cuando se agrega un sufijo. Presta atención a las excepciones.

Cuando agregas sufijos a las palabras que terminan en –y

1. Regla: Cuando una palabra termine en una consonante más –y, cambia *y* por *i* cuando agregues un sufijo.

   lazy + -ly = lazily

   happy + -ness = happiness

   Excepción: La mayoría de los sufijos que comienzan con –i.

   try + -ing = trying

   cry + -ing = crying

2. Regla: Cuando una palabra termine en una vocal más –y, no cambies la ortografía cuando agregues un sufijo.

   annoy + -ance = annoyance

   enjoy + -ment = enjoyment

   Excepción: Unas pocas palabras cortas

   day + -ly = daily

   pay + -ed = paid

Cuando agregas sufijos a las palabras que terminan en –e

1. Regla: Cuando una palabra termine en –e, elimina la *e* cuando agregues un sufijo que comience con una vocal.

   move + -able = movable

   drive + -ing = driving

   Excepciones: (1) las palabras que terminan en –ce o –ge con sufijos que comienzan con –a o –o, y (2) las palabras que terminan en –ee.

   trace + -able = traceable

   courage + -ous = courageous

2. Regla: Cuando una palabra termine en –e, no hagas cambios cuando agregues un sufijo que comience con una consonante.

   peace + -ful = peaceful

   brave + -ly = bravely

   Excepción: Unas pocas palabras especiales

   argue + -ment = argument

   true + -ly = truly

Cuando dupliques la consonante final delante de los sufijos

1. Regla: Cuando una palabra termine en una *consonante* + *vocal* + *consonante* en una sílaba larga, duplica la consonante final cuando agregues un sufijo que comience con una vocal.
mud' + -y = mud' dy
submit' + -ed = submit'ted

Excepción: Las palabras que terminan en *x* o *w*
mix + -ing = mixing
row + -ing = rowing

La influencia de otros idiomas y culturas
Algunas palabras suenan como inglesas y son efectivamente inglesas, pero vienen directamente de otros idiomas. Vienen con elementos únicos de la ortografía y pronunciación del idioma original. Por eso es que el inglés usa una variedad muy amplia de letras para representar ciertos sonidos y es por eso también que algunas palabras tienen "letras mudas", las letras que no se pronuncian. Usa un diccionario impreso o electrónico para confirmar la ortografía de cualquier palabra sobre la que tengas dudas.

➤ Concepto clave

Como el inglés toma prestadas muchas palabras de otros idiomas, hay palabras que usan otras letras para representar el mismo sonido.

Usa las ayudas de memoria Como ayuda para recordar la ortografía de las palabras que no siguen las reglas del inglés, trata de crear oraciones que te ayuden a memorizarlas.

Forma plurales
La palabra plural significa "más de uno". La mayoría de los sustantivos forman sus plurales de acuerdo a una regla general. Éstos son los plurales regulares. Los sustantivos con plurales irregulares no siguen esta regla.

➤ Concepto clave

Los plurales regulares se forman agregando –s o –es a la forma singular de la mayoría de los sustantivos.

Plurales irregulares Los plurales irregulares no se forman de acuerdo a las reglas anteriores. Si no estás seguro de cómo se forma un plural, consulta un diccionario. Los plurales irregulares en general están inmediatamente después de la pronunciación de la palabra. Si no ofrecen un plural, agrega simplemente –s o –es a la forma singular.

➤ Concepto clave

Usa un diccionario para buscar la ortografía correcta de los plurales irregulares. Memorízalos.

Formas plurales de los sustantivos compuestos La mayoría de los sustantivos compuestos de una palabra tienen plurales regulares. Si una parte del sustantivo compuesto es irregular, el plural también será irregular.

La mayoría de los sustantivos compuestos escritos con guión o como palabras separadas forman el plural en la palabra modificada. La palabra modificada es la palabra que se describe o es modificada por la otra parte.

Ortografía de los homófonos

→ Concepto clave

Los homófonos son palabras que suenan igual pero tienen distintos significados. Los homófonos pueden tener distintas ortografías.

Corrige y usa referencias

Corregir es una manera simple de revisar tu ortografía y eliminar errores. Si no estás seguro de la ortografía de una palabra, usa un diccionario para comprobarla.

→ Concepto clave

Usa diccionarios, correctores electrónicos y glosarios para verificar la ortografía correcta de las palabras.

◆ Reflexiona sobre tu ortografía y vocabulario

Piensa en lo que has aprendido respondiendo a las preguntas:

- ¿Qué técnica de este capítulo te parece mejor?
- ¿Cuál hallas más útil para estudiar palabras de vocabulario?
- ¿Qué tienen estas técnicas en común? ¿En qué se diferencian?

CAPÍTULO 30

Lectura

Los buenos lectores usan distintas destrezas de lectura para distintos tipos de lecturas. Seguramente usas una destreza diferente cuando lees una revista de historietas que cuando lees un libro de texto o una novela. Sin embargo, leas lo que leas, es importante que puedas concentrarte en la información, entender las ideas que se presentan y determinar si la información tiene sentido. Estas destrezas son especialmente importantes cuando lees libros de texto y materiales de investigación para la escuela.

30.1 Métodos de lectura

Para poder entender mejor los materiales que lees, trata de ser un buen lector. No sigas sólo las palabras del autor. Desarrolla tus propios significados organizando ideas, haciendo preguntas e identificando experiencias propias que concuerden con las ideas en el texto.

◆ Las secciones de un libro de texto

La mayoría de libros de texto tienen secciones especiales al principio y al final del libro, o en sus capítulos, para ayudarte a hallar y entender la información que contienen. Toma uno de tus libros de texto y trata de hallar cada una de las siguientes secciones:

- **Tabla de contenido**
- **Introducción y resumen**
- **Glosario**
- **Apéndice**
- **Índice**

→ Concepto clave

Usa las secciones especiales de tu libro de texto para familiarizarte con su contenido. Éstas incluyen:

◆ Elementos de un libro de texto

Dentro de cada capítulo de un libro de texto hay un número de elementos especiales que te ayudará a leer y a estudiar el material que contiene.

→ Concepto clave

Usa los elementos especiales de tu libro de texto como ayuda para leer y estudiar. Éstos incluyen:

- **Títulos, encabezamientos y subtítulos**
- **Preguntas y ejercicios**
- **Ilustraciones y leyendas**

◆ Usar destrezas de lectura

Puedes usar destrezas especiales para mejorar tu lectura de libros de texto. Hay tres destrezas útiles: variar tu estilo de lectura, aprender la relación Pregunta-Respuesta (QAR) y usar el método SQ4R.

→ Concepto clave

Usa una combinación de estrategias de lectura para entender mejor el material que lees.

Varía tu estilo de lectura

- **Dar un vistazo a un texto** significa leerlo rápidamente para obtener una idea general de su contenido. Cuando das un vistazo, busca las palabras destacadas o en negrita, títulos, oraciones temáticas y las leyendas de las ilustraciones.
- **Recorrer** es mirar el texto para hallar una palabra o idea específica sin prestar atención al resto de la información. Recorres un escrito cuando usas una guía telefónica.
- **Lee detenidamente** es leer el texto cuidadosamente para entender y recordar la información, unir ideas y sacar conclusiones sobre lo que lees.

Usa el método SQ4R Puedes contestar mejor las preguntas si reconoces lo que se pregunta. Adquiere el hábito de preguntar y responder estos cuatro tipos de preguntas.

- **Ahí mismo**
  La respuesta está ahí mismo en el texto, generalmente en una o dos oraciones. Para responder a este tipo de pregunta, recorre el escrito y localiza la información específica.

- **El autor y tú**
  La respuesta no está solamente en el texto. Responde a este tipo de pregunta pensando en lo que dijo el autor, lo que ya sabes y cómo se relacionan ambas cosas.

- **Piensa e investiga**
  La respuesta está en el texto pero necesitas pensar sobre la respuesta y luego investigar el texto para hallar evidencia que la apoye.

- **Solo**
  La respuesta está, mayormente, en el texto. Para hallar esta respuesta necesitas pensar en tus propias experiencias. Sin embargo, puedes revisar o ampliar tu respuesta en base a tu lectura.

Usa el método SQ4R Una vez que examinaste las secciones y los elementos especiales de tu libro de texto puedes usar este conocimiento para leer mejor. Un buen plan de lectura es SQ4R que responde a Inspeccionar (*Survey*), Hacer preguntas (*Question*), Leer (*Read*), Tomar notas (*Record*), Repetir (*Recite*) y Repasar (*Review*). Usa este método para concentrarte en tu lectura y recordar información.

Método SQ4R

- **Inspecciona** Busca estos elementos en el material que vas a leer: títulos de capítulos, encabezamientos, subtítulos, introducciones, resúmenes y preguntas o ejercicios.
- **Haz preguntas** Pregunta qué información puede cubrir cada encabezamiento. Pregunta *who, what, when, where* y *why.*
- **Lee** Busca las respuestas a las preguntas que formulaste en el paso anterior.
- **Toma notas** Anotas para recordar mejor la información. Haz una lista de las ideas principales y de los detalles más importantes.
- **Repite** En voz alta o en silencio, repite las preguntas y sus respuestas correspondientes.
- **Repasa** Repasa el material constantemente usando alguno o todos los pasos anteriores.

◆ Usar organizadores gráficos

→ Concepto clave

Usa organizadores gráficos como ayuda para entender las relaciones entre las ideas de un texto.

Puedes usar uno de estos organizadores para entender lo que lees. Antes de hacer un organizador gráfico, piensa cómo se relacionan las partes de tu tema. Luego, puedes elegir el formato que sea más adecuado.

Línea cronológica Una línea cronológica muestra el orden de hechos que se conectan entre sí y la cantidad de tiempo transcurrido entre ellos. Es una buena manera de organizar información histórica, ordenar los hechos en el argumento de un cuento o presentar datos de experimentos científicos.

Cuadro KWL

Usa este organizador gráfico como guía para leer y como herramienta cuando investigas un tema. Comienza tu cuadro KWL escribiendo el tema que quieres investigar en la parte de arriba. Antes de leer, anota todos los datos que conoces sobre el tema en la columna **K** (Lo que sé). Escribe, en forma de preguntas, la información que quieres obtener sobre el tema en la columna **W** (Lo que quiero saber). Usa estas preguntas para concentrarte en tu lectura. Si quieres hacer preguntas nuevas durante tu lectura, escríbelas también en esta columna. Cuando hayas terminado de leer, escribe tus respuestas en la columna **L** (Lo que aprendí).

K Lo que sé (Completa antes de leer)	W Lo que quiero saber (Completa antes y mientras lees)	L Lo que aprendí (Completa después de leer)

Diagrama de Venn Usa este organizador si quieres mostrar en qué se parecen o diferencian dos temas en un libro de texto o para preparar un ensayo de comparación y contraste. Para hacer un diagrama de Venn dibuja dos círculos superpuestos. En la sección común a los dos círculos, escribe las características que comparten los dos temas. En las otras secciones, las exteriores, escribe sus diferencias.

30.2 *Leer no ficción críticamente*

¿Crees que los buenos lectores creen todo lo que leen? Posiblemente, no. Piensan sobre el trabajo y juzgan su valor. Consideran el propósito del autor para escribir. Se preguntan si pueden confiar en lo que dice el autor. Analizan de manera crítica la clase de información que reciben.

◆ Entender obras de no ficción

El primer paso para leer críticamente es tener una comprensión general del trabajo. Esto comprende hallar y analizar las ideas clave y los detalles. También, descifrar el propósito del autor y determinar cómo se relaciona el material con el tema que estás estudiando.

→ Concepto clave

Usa tus destrezas de lectura para analizar y juzgar lo que lees:

- **Halla las ideas principales y los detalles importantes**
- **Interpreta lo que lees**
- **Identifica el propósito del autor**
- **Reflexiona sobre lo que leíste**

◆ Distinguir hechos de opiniones

Enunciados de hecho Un enunciado de hecho es el que puede probarse como cierto (o falso) en una de estas maneras: por medición, por observación, por consulta con una fuente fiable o por experimentación.

Enunciado de opinión Una opinión es simplemente lo que piensa o siente una persona sobre algo. No se puede probar como cierto o falso un enunciado de opinión. Antes de aceptar una opinión tienes que estar seguro de que el escritor la respalda con datos o detalles relacionados.

◆ Identificar el propósito del autor

Una habilidad importante para la lectura crítica es examinar el propósito del autor, por qué escribe. Cuando leas, recuerda buscar pistas para identificar el propósito del autor. Cuando creas que conoces el propósito, confirma tu elección relacionándola con los detalles en el texto.

→ Concepto clave

Aprende a identificar el propósito del autor usando las pistas que hallas en el texto. Los propósitos incluyen:

1. **Informar** Presenta una serie de declaraciones de datos.
2. **Instruir** Incluye una explicación de un proceso o idea, paso por paso.
3. **Ofrecer una opinión** Presenta un tema desde un cierto punto de vista o con una cierta intención.
4. **Vender** Usa técnicas persuasivas designadas para vender un producto.
5. **Entretener** Narra un hecho con tono humorístico, a veces para alivianar un tema serio.

     Spanish-Speakers' Handbook   **161**

◆ Aplicar formas de razonamiento

Una vez que aprendiste a examinar y evaluar el material de lectura, estás listo para comenzar a sacar tus propias conclusiones sobre la idea central del trabajo, el mensaje general.

➜ Concepto clave

Examina los detalles del texto que lees para sacar conclusiones sobre la idea central del trabajo.

Saca conclusiones A menudo, un autor no expresa una idea directamente. Cuando leas, debes buscar las pistas en la organización y presentación de la información para identificar la idea central. Luego, saca tus propias conclusiones en base a las pistas.

Haz generalizaciones Otra manera de sacar conclusiones es haciendo generalizaciones. Una **generalización** es una declaración general basada en un número de datos o ejemplos. Una **generalización válida** es una conclusión precisa apoyada por muchos ejemplos. Una **generalización apresurada** puede ser inexacta porque está basada en muy pocos ejemplos. Pregúntate:

- ¿Qué datos o ejemplos se presentan para hacer la generalización?
- ¿Será verdadera la generalización para todos o la mayoría de los casos? ¿Hay excepciones?
- ¿Se dan suficientes ejemplos para hacer válida la generalización?

◆ Analizar el texto

Cuando analizas un texto, estudias el lenguaje que usa su autor, la manera en que están conectadas las ideas y su estructura. Este análisis puede ayudarte a entender mejor el propósito del autor y la información clave que presenta en su trabajo.

➜ Concepto clave

Aprende a identificar los distintos usos del lenguaje y cómo está estructurado el texto.

Examina el lenguaje del autor Los autores a veces pueden presentar la información de manera directa o pueden cargar sus palabras para crear un sentimiento particular en los lectores sobre la información que presentan. La elección de palabras y el tono son dos maneras de usar el lenguaje para influir en el lector.

- La **elección de palabras** puede afectar el significado. Las palabras que usa un autor pueden afectar los sentimientos del lector sobre un tema. Algunas palabras son neutrales y no influirán en sus sentimientos. Otras, pueden crear sentimientos positivos o negativos en el lector.
- El **tono** muestra la actitud del autor hacia un tema y se expresa a través de las palabras usadas y por la forma de relacionarlas en oraciones. Como en la elección de palabras, el tono puede ser neutro, positivo o negativo.

Identifica la estructura del texto La estructura del texto es la manera como están ordenadas las ideas y cómo se relacionan unas con otras. Los autores ordenan sus trabajos para poder comunicar sus ideas de manera clara y eficaz.

➜ Concepto clave

Aprende cómo ordenan sus ideas los autores para poder localizar y entender la información más fácilmente.

Orden cronológico Un autor usa un orden cronológico cuando quiere mostrar eventos o detalles en el orden en que ocurrieron. Algunas palabras clave que identifican el orden cronológico son: *first, before, next, later, finally.*

Causa y efecto Una causa es un hecho que hace que ocurra otro hecho. Un efecto es el hecho que ocurre después de una causa. Una estructura de causa y efecto muestra una serie de hechos. Nota también que la mayoría de los efectos pueden convertirse en causas de hechos posteriores. Algunas palabras clave que identifican la causa y efecto son: *because, as a result, therefore, consequently.*

Orden de importancia Cuando un autor usa esta estructura, ordena los hechos o detalles de menos a más importantes o de más a menos importantes. Algunas palabras clave que identifican el orden de importancia son: *least, best, above all, most important, least important.*

30.3 *Leer obras literarias*

Cuando lees obras literarias como, cuentos, novelas, poemas u obras de teatro, necesitas usar estrategias especiales para entender lo que está sucediendo, quiénes son los personajes, qué significan las palabras y qué ideas quiere expresar el autor. Necesitarás diferentes estrategias para leer diferentes tipos de literatura.

➜ Concepto clave

Practica varias estrategias de lectura apropiadas para cada tipo de trabajo literario como ayuda para entender mejor lo que lees.

◆ Leer ficción

La ficción está llena de personajes y hechos imaginarios. Dos tipos familiares de ficción son los cuentos y las novelas. Cuando lees ficción exploras un mundo nuevo. Las palabras del autor y tu imaginación crean un mapa de ese mundo. Las estrategias que siguen pueden ayudarte.

Identifícate con un personaje o situación Imagina que eres el personaje sobre el que estás leyendo. Ponte en su lugar e imagina que dices y haces lo mismo. Si has estado en situaciones similares o tienes amigos o parientes parecidos, puede ser más fácil identificarse con un personaje.

Predice Cuando leas, haz predicciones sobre lo que sucederá después. Basa tus predicciones en tu experiencia o en la información del cuento. Es posible que la información más adelante te lleve a predecir nuevos y diferentes desenlaces.

Visualiza la acción y la ambientación Mientras lees, fórmate una imagen mental para la acción, la ambientación y los personajes. Busca los siguientes tipos de palabras para crear estas imágenes:

- **Palabras de acción** Verbos y sustantivos interesantes o poco usuales
- **Adverbios** Palabras que dicen cómo se realiza la acción
- **Palabras sensoriales** Adjetivos descriptivos que dicen qué aspecto tienen las cosas, su textura, cómo saben, huelen y suenan

◆ Leer obras de teatro

Cuando lees una obra de teatro, te concentras principalmente en las palabras que dicen los personajes y en los personajes mismos. Una obra de teatro también tiene direcciones escénicas para decirle a los actores cómo moverse y hablar. Las direcciones escénicas también describen escenarios, vestuarios y los efectos de luz o sonido. Para imaginar cómo se representaría una obra, usa las siguientes estrategias.

Lee la lista de personajes Lee la lista de personajes al principio de la obra. Esto te ayudará a conocerlos y a saber cómo se relacionan unos con otros.

Usa las direcciones escénicas Fórmate una imagen mental de lo que sucede y dónde. Si la historia no sucede en el presente, considera lo que sabes sobre el momento histórico en el que ocurre.

Predice Después de leer el primer acto o escena, trata de predecir lo que sucederá más adelante. Busca pistas en lo que dicen los personajes o en la acción.

Pregunta Cuando leas, pregúntate:

- ¿Por qué los personajes hicieron o dijeron eso?
- ¿Por qué sucede esto?

Resume Las obras de teatro, en general, están divididas en partes llamadas actos. Los actos se dividen en escenas. Al final de una escena o de un acto, haz una pausa y piensa en lo que ha sucedido hasta ese momento.

◆ Leer poesía

Cuando lees poesía necesitas concentrarte en el sonido de las palabras, en su significado y en las emociones que te trasmiten. En un poema, aun las palabras de todos los días tienen un sentido nuevo y especial, así que cuando leas un poema, debes darle a cada palabra la atención que se merece. Usa las siguientes estrategias.

Sigue la puntuación Si bien los poemas están divididos en líneas, el pensamiento y la imagen continúan de una línea a la otra. Trata de leer los poemas sin pausas innecesarias. Considera estas sugerencias.

- No te detengas al final de la línea cuando no hay puntuación.
- Haz una pequeña pausa cuando llegues una coma y una un poco más larga para un punto y coma o guión.
- La pausa más larga debe ser para los signos de cierre de oración.

Identifica al que habla en el poema El poeta no siempre es quien habla en el poema. El que habla es la voz que "dice" las palabras. Puede ser un personaje en una situación imaginaria. Busca las claves para saber quién es la voz del poema.

Identifica al que habla
Hazte las siguientes preguntas para identificar a la voz del poema.

- ¿Las palabras suenan como las de una persona mayor o las de una persona joven?
- ¿Menciona tener alguna relación con otros el que habla?
- ¿Hay alguna pista que diga si es hombre o mujer?
- ¿Es parte de la acción o es un espectador?
- ¿Hay alguna pista que diga dónde vive?

Usa tus sentidos Cuando leas un poema, trata de "sentir" los lugares, olores, sonidos, gustos y sentimientos que expresan las palabras.

Parafrasea las líneas Si una línea o pasaje es difícil de entender, trata de repetirla con tus propias palabras.

Entiende el lenguaje figurativo El lenguaje que se usa para hacerte ver y sentir cosas de una nueva manera, se llama lenguaje figurativo. Éstos son tres tipos.

- **Símil:** usa *like* o *as* para comparar cosas que usualmente no se parecen. *We travel as happily as birds.*
- **Metáfora:** compara cosas distintas describiendo un elemento como si fuera otro, sin usar *like* o *as. Life is a journey.*
- **Personificación:** da cualidades humanas a elementos no humanos. *The leaves dance across the road.*

◆ Leer cuentos folclóricos, mitos y fábulas

Los **cuentos folclóricos** son historias sobre gente común. Han sido compartidos y trasmitidos por generaciones por la gente de un país o cultura y a menudo señalan algún valor cultural. A menudo los cuentos folclóricos explican de manera fantástica los fenómenos naturales. Los **mitos** son historias de antiguos dioses, diosas y héroes. Como los cuentos folclóricos, los mitos explican sucesos naturales. Además, a menudo dan una lección moral. Las **fábulas**, en general, presentan animales que hablan y actúan como personas. Las fábulas dan lecciones sobre la vida.

Entiende La **tradición oral** es la transmisión de historias de una generación a otra, contándolas una y otra vez. Con el tiempo, estas historias se escribieron para que la gente pudiera leerlas.

Entiende el contexto cultural Como la literatura folclórica habla de la gente, está basada en las características de la cultura de donde surgió. Si entiendes estas características, podrás entender la historia. Cuando leas, busca los detalles que te hablen de la cultura.

Reconoce el propósito del narrador Entenderás por qué los personajes actúan de determinada manera cuando sepas la razón por la que se cuenta una fábula, un mito o un cuento folclórico

Predice Cuando leas, haz predicciones sobre lo que sucederá en el cuento. Nota que en muchos cuentos folclóricos, los hechos ocurren en series de tres. Después del primer hecho, pregúntate cuáles serán el segundo y el tercero. Además, las buenas intenciones, generalmente tienen su premio y las acciones tontas o egoístas traen mala suerte. Predice cómo una buena intención podría ser premiada y cómo un acto egoísta podría ser castigado.

30.4 *Leer de varias fuentes*

Tienes a tu disposición muchos tipos de material de lectura para poder elegir según tus propósitos. Por ejemplo, puedes leer artículos y anuncios en un periódico o revista para hallar la información de actualidad o para saber más sobre estilos y productos. Podrías concentrarte en las páginas web de la Internet para obtener información especializada o para obtener los resultados deportivos al instante. Podrías leer un libro de texto para estudiar para la escuela, un folleto para hallar un dato para un informe de investigación o un manual para encontrar detalles de cómo se hace. Lo que leas depende de tu razón para leer.

Lee periódicos

Leer los periódicos diarios o semanales es una de las mejores maneras de saber lo que sucede en tu comunidad, en el estado, en el país o en el mundo. Imagina que buscas noticias locales. Si vives en una comunidad pequeña, ¿hay un periódico local? Si vives en una ciudad grande, o cerca de ella, ¿hay partes del periódico de la gran ciudad o de la región que se ocupan de las noticias locales? Hojea el periódico que recibes en casa con regularidad o que llega a la escuela o a la biblioteca. Busca la tabla de contenido o el índice. Observa cómo se distribuyen las secciones para las noticias locales, estatales, nacionales o internacionales. ¿Tiene secciones especiales para noticias, editoriales, moda, deportes, tiras cómicas, crucigramas y consejos? Si tienes varios periódicos entre los que elegir, evalúa cuál te informa mejor sobre lo que te interesa y cuál está mejor organizado. Decide cuál debes leer regularmente.

Lee revistas

Leer revistas es una buena manera de hallar información sobre un interés específico, como un pasatiempo, deportes, moda o gente famosa. Algunas revistas se ocupan de noticias y acontecimientos de actualidad y analizan ciertos temas más que los periódicos. Otras revistas están dirigidas a un público específico, como adolescentes, cocineros, corredores o coleccionistas de trenes de juguete. A diferencia de los periódicos, las revistas ofrecen una opinión o un punto de vista sobre el tema que presentan. Trata de reconocer cuándo un artículo de revista ofrece datos y cuándo presenta opiniones.

Lee manuales Si quieres saber cómo hacer algo o cómo usar un producto que acabas de comprar, debes leer un manual con atención. Busca primero la tabla de contenido, títulos principales y diagramas. Sigue los pasos, uno por uno, sin apurarte.

Lee textos electrónicos

Las páginas Web de Internet y los textos electrónicos en discos CD-ROM proveen información detallada y específica sobre una amplia variedad de temas. Cuando leas una página web, piensa quién hizo la página y si la información es fiable o debe considerarse tendenciosa, según sea tu opinión del autor. Necesitas hacer tu propia evaluación sobre la seriedad de la información antes de usarla para un informe. Puedes también usar un programa de búsqueda para hallar varias páginas sobre un tema y comparar la información. Algunos comerciantes proveen textos electrónicos, compañías que quieren venderte algo. Piensa en estos textos más como anuncios que como información objetiva. Trata de reconocer lo que es auténtico y lo que es propaganda de venta.

Lee antologías Una antología es una colección de literatura. Algunas tienen un tipo específico de literatura, como poemas o cuentos. Algunas están organizadas alrededor de un tema; otras, alrededor de varios temas diferentes. La mayoría presenta trabajos de varios escritores. Algunas se concentran en una época específica, como los primero trabajos de la literatura americana o los cuentos modernos. Podrías elegir una antología si hay un tipo específico de literatura que te interesa. Las antologías también son una buena referencia para informes o para conocer a un escritor o tema interesante o insólito.

◆ **Reflexiona sobre lo que leíste**

Después de practicar tus estrategias de lectura durante una semana, escribe un párrafo sobre tus progresos. Usa las siguientes preguntas para comenzar:

- ¿Qué secciones de mis libros de texto uso regularmente?
- ¿De qué manera la variedad de estilos de lectura me ayuda a hallar información y a estudiar?
- ¿Qué estrategias de lectura me fueron más útiles?
- ¿Cuáles son los tipos de trabajos que leo más a menudo? ¿Por qué leo cada uno de ellos?

CAPÍTULO 31

Estudio, consultas y pruebas

Este capítulo te ayudará a mejorar tus estrategias de estudio, referencia y para tomar pruebas. Si sabes cómo estudiar y dónde buscar información, tu experiencia en la escuela será mucho más satisfactoria. Estas estrategias también te serán útiles durante toda la vida. En este capítulo, aprenderás cómo aprovechar tu tiempo de estudio y a buscar información usando referencias impresas o electrónicas. Hasta encontrarás ideas útiles para mejorar tus calificaciones en las pruebas.

31.1 Destrezas básicas de estudio

Las estrategias de estudio, los patrones o hábitos que estableces para estudiar, te ofrecen maneras de recordar lo que tienes que leer o aprender. Debes tener un área específica de estudio, un horario, un cuaderno de tareas y un cuaderno para tomar notas de manera organizada.

◆ Preparar un área de estudio
Debes tener un lugar donde poder estudiar y planear tu horario.

- Tu lugar de estudio debe ser el mismo todos los días.
- Debe ser cómodo y libre de interrupciones.
- Debe tener un escritorio o mesa, una silla y buena luz.
- Debe tener todos los materiales que necesitas: plumas y lápices, papel, goma de borrar, cinta adhesiva, grapadora, ganchos de papeles, tijeras, regla, marcadores, tarjetas y un diccionario.

◆ Crear un horario
Haz un horario de estudio que te permita cumplir con tus tareas diarias y con los proyectos a largo plazo.
Todos los días dedica tiempo para repasar los temas difíciles, estudiar para próximas pruebas y trabajar en proyectos a largo plazo.

◆ Crear un cuaderno de tareas
Anota las tareas que debes completar todos los días para cada clase en un cuaderno de tareas. Úsalo también para recordar las fechas de las pruebas y los días de entrega de los proyectos a largo plazo. Esto te ayudará a planear qué hacer durante tu horario. Tener un cuaderno de tareas te ayudará a completar cada tarea a tiempo y a prepararte para tus discusiones de la clase y para las pruebas.

→ Concepto clave
Usa un cuaderno de tareas para anotar las tareas para la casa y la fecha de entrega.

◆ Tomar notas

La habilidad para tomar notas es importante para tener éxito en la escuela. Para tomar buenas notas, escucha y lee con atención. Anota sólo las ideas principales y los detalles importantes. Usa tus notas como referencia de estudio.

Haz un esquema modificado Una reseña modificada detalla la información para poder recordarla. También te ayuda a organizar las ideas y la información para una composición.

Haz resúmenes Escribe resúmenes de capítulos o lecturas para repasar lo que has aprendido.

31.2 *Destrezas para consultar información*

A medida que progresa la tecnología es más fácil hallar información. Muchas de las referencias que estaban disponibles sólo en forma impresa, ahora pueden hallarse con una computadora, por medio de discos CD-ROM o en línea.

◆ Usar la biblioteca

Las bibliotecas contienen muchos tipos de recursos. La clave para hallar la información que necesitas es entender cómo están organizados los libros y otros materiales.

Usa el catálogo Cuando busques un libro, comienza por el catálogo de la biblioteca.

→ Concepto clave

Usa el catálogo de la biblioteca para hallar información sobre los libros que tiene. El catálogo de la biblioteca estará en una de estas formas.

Catálogo de tarjetas Este sistema tiene una lista de libros en tarjetas, con una tarjeta separada para el autor, tarjeta de autor y otra para el título, tarjeta de título. Si el libro es de no ficción, también tiene por lo menos una tarjeta de tema. Las tarjetas están archivadas alfabéticamente en pequeños cajones con los apellidos de los autores y los títulos, según su primera palabra, excepto *A, An* y *The.*

Catálogo impreso Este catálogo presenta los libros en folletos impresos, con cada libro en orden alfabético según el autor, título y, si es no ficción, tema. A menudo, tienen folletos separados para autor, título y tema.

Catálogo electrónico Los catálogos electrónicos son listas en discos CD-ROM o en bases de datos a los que puedes acceder en las computadoras de la biblioteca. En general, puedes hallar un catálogo tecleando el título, las palabras clave en el título, el nombre del autor o, si es de no ficción, el nombre del tema.

Cómo encontrar libros en la biblioteca

Las bibliotecas organizan los libros para que la gente pueda hallarlos. La mayoría están clasificados como ficción (novelas y cuentos) o no ficción (trabajo basado en datos).

→ Concepto clave

Los libros de ficción están ordenados en orden alfabético, usando el apellido del autor. Los libros de no ficción están ordenados según el número de llamada.

Libros de ficción Si buscas el título de una novela, puedes localizarlo sin el catálogo de tarjetas, sabiendo el nombre del autor y dónde está la sección de ficción. Primero, halla la sección de ficción. Busca los libros según los autores cuyos apellidos comiencen con la misma letra. Luego, busca el título. (Si no sabes el autor de un libro, puedes localizar el libro en el catálogo impreso o electrónico según su título.)

   Spanish-Speakers' Handbook   **169**

Libros de no ficción El número de llamada es una combinación de un número y una o más letras. Se encuentra en la parte superior izquierda de una tarjeta de catálogo y en los lomos de los libros. En general, las bibliotecas muestran un grupo de números de llamada para cada estantería. La mayoría de las bibliotecas usan el Sistema Decimal Dewey para clasificar los libros de no ficción.

Cómo encontrar biografías y otras referencias especiales

Biografías Estas historias sobre las vidas de gente real están en el número 921 del Sistema Decimal Dewey. Sin embargo, a menudo están archivadas en una sección especial para Biografías, alfabetizada según el apellido de la persona sobre la que se escribió el libro.

Libros de referencia Los diccionarios, atlas y enciclopedias deben ser archivados en una sección especial. Si un libro tiene una *R* o *REF* antes de su número de llamada, refiérete a la sección de referencia de la biblioteca y usa el número de llamada para localizarlo.

Libros para jóvenes Los libros para adolescentes pueden estar en una sección llamada "Adultos jóvenes". Las letras *YA* o *J* se usan para indicar que un libro pertenece a esta sección.

Materiales no impresos Además de libros, las bibliotecas pueden tener materiales no impresos como videocasetes, audiocasetes, CDs o CD-ROMs. Pídele al bibliotecario que te ayude a ubicarlos.

◆ Usar publicaciones periódicas e índices de periódicos

Cuando necesites información sobre un tema, en general, la encontrarás en una publicación **periódica,** un periódico, una revista u otros impresos publicados a intervalos regulares.

Usa índices de periódicos El índice de periódicos usado con más frecuencia es el *Readers' Guide to Periodical Literature.* En sus muchos volúmenes, encontrarás dónde está publicado un tema particular. Cada volumen se ocupa de cierto período de tiempo y está ordenado alfabéticamente de acuerdo al tema. Hallarás algunos índices que se concentran en un tema. Los índices electrónicos proveen el texto completo de un artículo. Consulta con un bibliotecario si necesitas ayuda para usar un índice de periódicos u otra publicación periódica.

◆ Usar diccionarios

Un diccionario es una colección de palabras y sus significados junto a otra información sobre la palabra. También dice cómo una palabra se pronuncia, cómo se usa en una oración y su etimología, o su historia.

Tipos de diccionarios Algunos diccionarios son para académicos, otros para el lector común y otros para gente que estudia un área de conocimiento en especial. Los diccionarios completos tienen un mayor número de palabras e incluyen información más detallada que los diccionarios abreviados.

Tres tipos de diccionarios

Completo Estudio exhaustivo del inglés, que contiene más de 250.000 palabras

Abreviado Edición compacta que contiene de 55.000 a 160.000 entradas

Especializado Limitado a palabras de un tipo o campo particular, como idiomas extranjeros o matemáticas

Busca una palabra Los diccionarios pueden ser libros enormes pero están ordenados para ayudarte a hallar una palabra rápidamente. En los diccionarios impresos, todas las entradas están en estricto orden alfabético. En la parte superior de cada página están las palabras guía. Las que están a la izquierda te dicen cuál es la primera palabra en la página. Las de la derecha, la última palabra en la página. Si usas un diccionario electrónico, teclea la palabra y la computadora busca la palabra en el banco de datos.

Entiende las entradas en un diccionario

Las palabras en un diccionario se llaman "entradas". Una entrada con toda su información se llama "entrada principal".

1. **Entrada** Puede ser una palabra simple o compuesta (dos o más palabras que actúan como una sola), una abreviatura, un prefijo o sufijo o el nombre de una persona o lugar. Los puntos, espacios o guiones en una entrada indican las sílabas. Las palabras de una sola sílaba no se dividen nunca.
2. **Pronunciación** Aparece inmediatamente después de la entrada. La pronunciación usa símbolos para mostrar cómo decir la palabra. La sílaba que se pronuncia con más fuerza, el acento primario, generalmente tiene una marca gruesa (') después de la sílaba. Las palabras con más de una sílaba, pueden tener una segunda acentuación, el acento secundario, en general mostrado con una marca más leve (').
3. **Función de la palabra** Los rótulos que dicen cuál es la función de la palabra en una oración están dados como abreviaturas, en general, inmediatamente después de la pronunciación.
4. **Plurales e inflexiones** Después de la función de la palabra, el diccionario puede mostrar la forma plural de los sustantivos y las inflexiones, las formas del pasado y participio, si hay algo irregular en su ortografía.
5. **Etimología** La etimología u origen, en general aparece entre corchetes, paréntesis o guiones cerca del principio o final de la palabra entrada. Las abreviaturas que se usan para los idiomas están explicadas en la clave de abreviaturas del diccionario.
6. **Definición** Una definición es el significado de una palabra. Las definiciones están numeradas si tiene varios significados y a menudo incluyen un ejemplo para ilustrar ese significado.

   Spanish-Speakers' Handbook   **171**

7. **Uso y materia** Estos rótulos muestran cómo se usa la palabra. El rótulo "Arcaico" (*Arch.*), indica que la palabra ya no se usa. Los rótulos de materia indican si una palabra se usa en una manera especial por gente en un trabajo o actividad especial, como Historia (*Hist.*) o Matemáticas (*Math.*). No todas las entradas tienen rótulos de materia.

8. **Modismos y palabras derivadas** El final de una entrada puede tener y definir modismos o expresiones que contienen esa palabra. También, una lista de las palabras derivadas (las palabras formadas a partir de la entrada) junto a un rótulo de función.

◆ Usar otras obras de referencia

Hay muchas otras herramientas de referencia en la escuela y en las bibliotecas públicas.

Enciclopedia impresa La enciclopedia general contiene una variedad de artículos con información concisa sobre muchos temas. Cada enciclopedia tiene volúmenes ordenados alfabéticamente. Dentro de cada volumen, los artículos también están en orden alfabético.

Enciclopedia electrónica Las enciclopedias en CD-ROM tienen fotos, video y sonido para ayudar a resaltar la información.

Referencias biográficas Estos libros proveen historias breves de la vida de personas famosas o importantes.

Anuarios A veces llamados "almanaques", son libros de datos y estadísticas sobre temas de interés para muchas personas. Pueden incluir actividades del gobierno, historia, geografía, clima, ciencia, tecnología, industria, deportes y entretenimientos. Incluyen listas, tablas y gráficas. La mayoría se actualiza todos los años.

Atlas Contienen mapas e información geográfica sobre ciudades, cuerpos de agua, montañas y puntos sobresalientes. En los atlas impresos, usa un índice para hallar la información.

Atlas electrónicos En los atlas electrónicos, teclea el nombre del lugar y la computadora buscará en el banco de datos para hallar el mapa apropiado.

Diccionarios de sinónimos impresos y electrónicos Un diccionario de sinónimos es una referencia especializada con sinónimos, o palabras con significados similares. También puede contener antónimos, o palabras con significados opuestos. Los diccionarios de sinónimos impresos ordenan sus palabras alfabéticamente, aunque algunos pueden estar ordenados según el tema.

Bancos de datos electrónicos Están en discos CD-ROM y en Internet y te permiten el acceso a grandes colecciones de datos sobre temas específicos. Estos bancos de datos tienen programas de búsqueda que te dan acceso a la información relacionada de varias maneras.

◆ Usar Internet

Internet es una red mundial, o web, de computadoras conectadas por cables telefónicos. Cuando te pones en línea (*on line*) tienes acceso a un número casi ilimitado de sitios web, donde se puede hallar una cantidad extraordinaria de información.

Ubica los sitios web Cada sitio web tiene su propia dirección o URL (*Universal Resource Locator*). Si no tienes la dirección, puedes teclear una palabra clave o las palabras en un programa de búsqueda, que busca los sitios web relacionados.

Evalúa los sitios web Aquí tienes algunas sugerencias para hallar información fiable en Internet.

- Lee artículos sobre Internet en los periódicos de la biblioteca para obtener direcciones de sitios web que te ofrezcan información útil y fiable.
- Si conoces un sitio web fiable y su dirección (URL), teclea la dirección en tu programa de búsqueda. A menudo, los programas de televisión, los avisos, revistas, periódicos y las estaciones de radio proveen direcciones de sitios web donde puedes hallar más información sobre un programa, producto o compañía.
- Recuerda usar tu marcador de libros (*bookmark*) o guarda en tu sección de favoritos los sitios interesantes que encuentres en la web.

31.3 *Destrezas para tomar pruebas*

◆ Estrategias para tomar pruebas

Además de prepararte para una prueba, puedes usar estrategias para tranquilizarte y concentrarte durante la prueba.

→ Concepto clave

Administra tu tiempo antes de comenzar la prueba, para contestar las preguntas y para corregir tus respuestas.

Antes de comenzar

1. Escribe tu nombre.
2. Da una mirada a toda la prueba para ver los distintos tipos de preguntas.
3. Averigua si pierdes puntos por las respuestas incorrectas.
4. Decide cuánto tiempo usarás para cada sección.
5. Toma más tiempo para los puntos más difíciles.

Responde las preguntas

1. Responde primero las preguntas fáciles.
2. Si puedes, usa un borrador para anotar tus ideas.
3. Lee cada pregunta por lo menos dos veces antes de contestar.
4. Da sólo una respuesta, excepto cuando las instrucciones digan otra cosa.
5. Responde todas las preguntas, excepto cuando te pidan lo contrario.
6. No cambies tu primera respuesta sin una buena razón.

Corrige tus respuestas

1. Comprueba que seguiste las instrucciones.

2. Vuelve a leer las preguntas y las respuestas de la prueba. Verifica que respondiste todas las preguntas.

◆ Responder a diferentes tipos de preguntas

Preguntas de opción múltiple Este tipo de pregunta pide que elijas la respuesta correcta entre cuatro opciones.

- Trata de responder antes de leer las opciones. Si tu respuesta es una de las opciones, elige esa opción.
- Elimina las respuestas obviamente incorrectas, tachándolas si te permiten escribir en la hoja de prueba.
- Lee todas las opciones antes de responder. A menudo hay dos respuestas posibles, pero una sola es la mejor.

Preguntas de correspondencia Estas preguntas requieren que hagas corresponder los elementos de un grupo con los de otro.

- Cuenta los elementos en cada grupo para saber si sobran elementos. Verifica las instrucciones para saber si puedes usar algún elemento más de una vez.
- Lee todos los elementos antes de comenzar.
- Haz corresponder los elementos que conoces primero.
- Haz corresponder los elementos dc los que no estás tan seguro.

Preguntas para completar En las preguntas para completar debes dar una respuesta en tus propias palabras. La respuesta puede completar una declaración o simplemente responder una pregunta.

Preguntas de cierto o falso Estas preguntas requieren que identifiques si una declaración es cierta o falsa.

- Si una declaración parece cierta, verifica si toda la declaración es cierta.
- Presta atención especial a la palabra *not*, que cambia a menudo todo el sentido de una declaración.
- Presta atención especial a las palabras *all, always, never, no, none* y *only*. A menudo hacen que una declaración sea falsa.

Preguntas de respuesta corta En algunas pruebas tienes que escribir una respuesta en vez de simplemente elegir la respuesta correcta. Identifica estas preguntas cuando des un vistazo previo a la prueba. Reserva tiempo para escribir respuestas completas y correctas.

Analogías Una analogía te pide que halles pares de palabras que expresen una relación similar.

Relaciones comunes en analogías

Relación	Ejemplo
sinónimos (igual significado)	*enrage: anger*
antónimos (significado opuesto)	*love: hate*
un elemento y su función	*ruler: measurement*
una parte de un todo	*page: book*

Ensayos Algunas pruebas pueden pedirte que escribas uno o más ensayos. El capítulo 13 te da instrucciones paso a paso para escribir ensayos en las pruebas.

◆ **Reflexiona sobre tus estrategias de estudio, consultas y pruebas**

Piensa en lo que has aprendido sobre las estrategias de estudio, consultas y pruebas. Pregúntate:

- ¿Qué estrategias uso para prepararme para las pruebas y cómo puedo prepararme mejor?
- ¿Qué tipos de preguntas encuentro más fáciles de responder? ¿Cuáles son las más difíciles?
- ¿Qué materiales de referencia uso con más frecuencia? ¿Con cuáles debo familiarizarme más?